Jörgen Sjöberg

Nedslag i arbetslivet

Förlag: BoD - Books on Demand, Stockholm, Sverige
Tryck: BoD - Books on Demand, Norderstedt, Tyskland
ISBN: 978-91-8027-548-4

Inledning

Många som har bytt jobb brukar nog besöka sin gamla arbetsplats om det finns möjlighet. Man är nyfiken på hur det går och man har gamla arbetskamrater som man kanske har jobbat med i åratal.

Jag har upplevt att jag ganska snabbt kände mig främmande. Utvecklingen hade sprungit ifrån mig. Nya personer hade kommit, annat hade förändrats också.

Men man kan väl alltid höra av sig i alla fall. Jag märker att jag gör det i mycket mindre omfattning än jag hade tänkt mig och har ibland lite dåligt samvete för det. Är jag inte mer intresserad?

Jag har med tiden tvingats inse att jag tycker det är något slags bekvämlighet. Jag blir påmind om det som har varit jobbigt. Det behöver inte alls ha varit sådant som har varit negativt även om det finns sådant också. Mestadels handlar det om det som har varit ansträngande och den känslan vill jag tydligen inte återuppleva. Det är nog så att ett långt arbetsliv ändå sliter på krafterna och att man på äldre dar kan ha ett behov av att lämna det slitsamma bakom sig.

När jag besinnar mig vet jag ju att det allra mesta i arbetslivet har varit positivt och ofta spännande.

För att lite grann återuppleva det har jag skrivit den här berättelsen.

Det är i stort sett skrivet i tidsordning från första sommarjobbet, via studier, alla anställningar och till den sista tiden i egen regi. Det handlar inte så mycket om vad jag har gjort utan vad jag har upplevt.

Tyngdpunkten ligger på situationer och händelser som jag tycker är speciella och udda. Under Sandviktiden finns några speciella affärer som jag tycker sticker ut.

Sandviks verksamhet är skapligt självklar och därför inget jag tycker att jag behöver beskriva. Tiden efter Sandvik har jag däremot hamnat i verksamheter som jag behöver förklara för att kunna ge en bakgrund till mina upplevelser.

Innehållet i den här berättelsen är i korta drag i den här ordningen:

	År	Sid.
Sommarjobb	1961-1968	6
KTH	1965-1970	17
Sandvik	1970-1990	26
Andra anställningar	1990-2000	110
På egna ben	2000-2015	135

Därefter 4 st bilagor:

Bil.1. Mitt "testamente" från Sandvik. Bakgrunden beskrivs i avsnittet Orsaker under Exit Sandvik på sid 103.

Bil.2. *Mer om Adizesmetoden*
En del av tiden i egen regi tillhörde jag organisationen Adizes. Mina erfarenheter finns i texten. Därutöver finns inslag i Adizes metodik som jag tycker är värda att framhålla. Därför en separat bilaga.

Bil.3 *Destruktivt ledarskap*
Rubriken skulle kunna heta psykopatiskt ledarskap, ett ämne som jag har haft anledning att sätta mig in i.

Bil.4. *Kapitalisten, mångfalden och integrationen*
En berättelse som har sitt ursprung i ett företag jag har kunnat följa på nära håll under många år.

I boken anger jag som regel inte personers namn i klartext. Jag vill inte utsätta någon för att bli omnämnd utan vederbörandes godkännande. Dessutom kan det vara så att andra har en något annorlunda version av vad som har hänt men min version är min egen och tillräckligt rätt för att duga i det här sammanhanget.

4

Personer och företag nämner jag ibland vid namn när jag är säker på att man inte skulle bry sig eller ens ha en aning om att jag skriver något.

Sommarjobb (1961-1968)

Första sommarjobbet var 1961. Jag hade då just tagit realexamen, var 16 år och bodde på Björkgatan i Sandviken. Största nackdelen med Björkgatan upplevde jag i samband med att jag tog realexamen. Som man har gjort i stort sett i alla tider fick vi åka på lövat lastbilsflak efter att ha sprungit ut från realskolan på examensdagen. Björkgatan ligger centralt i Sandviken och det medförde att jag fick njuta av att åka på flaket bara en kort stund. Jag var den förste som släpptes av.

Till avdelningen kuriosa vill jag nämna att jag 2013 efter 52 år hamnade på Björkgatan igen. Samma trappuppgång (se bilden på nästa sida)!

Bacillskräck

Första sommaren ville jag helst hamna på kontor och så blev det. Ett skrivbord i ett stort kontor på elektriska avdelningen. Där förde jag i en liggare in uppgifter om elförbrukningen i alla byggnader på Jernverket. Jobbigast var det på måndagarna eftersom uppgifterna från hela helgen skulle föras in.

På kontoret satt jag vid ett litet skrivbord, vänd mot ena långväggen. Bakom mig, med ryggen mot den andra långväggen, tronade en äldre man, någon slags kontorschef, vid ett mycket större skrivbord. (jo, jag kommer ihåg hans namn men skriver det inte). Han hade uppsikt över mig.

Den äldre mannen var skräckslagen för att bli förkyld. Han hade en skrivbordsstol med armstöd. Han trodde att det drog in luft i det öppna utrymmet mellan armstöd och sits. En ung kille, något år äldre än jag, beordrades att sätta in skivor som täckte det öppna utrymmet.

Men det räckte inte. Taket var täckt av skivor med små hål. Där kunde ju komma in farlig luft och orsaka drag. Den unge killen fick i uppdrag att tejpa hela taket och sedan måla över

6

tejpen med vit färg. Det var som sagts ett stort kontor och killen fick tillbringa lång tid på stegen i obekväm ställning!

Jag tjänade 2:35 i timmen. Kompisarna på fönsterputsningen

tjänade 4 kr i timmen. Men för mig var ändå 2:35 i timmen mycket pengar eftersom jag aldrig hade tjänat pengar tidigare.

Den sommaren bodde jag alltså på Björkgatan, nära kanalen. Jag minns tydligt att jag efter jobbet någon av de första dagarna gick längs kanalen och räknade ut i huvudet hur mycket jag skulle tjäna på en vecka. Jag var skaplig i huvudräkning så jag fick ihop det.

FHM-Johan

Ett inslag som inte har ett dugg med bokens tema att göra.

Bilden visar alltså var jag bodde när jag hade mitt första sommarjobb. En av grannarna på den tiden på samma adress var Johan Carlson. Honom såg man ofta på TV under den gångna pandemin. Han var nämligen chef för FHM, Folkhälsomyndigheten. En kväll satt jag barnvakt för honom när hans föräldrar Gun-Britt och Göte var ute och svirade.

Mitt bidrag till jubileet

Andra året jag sommarjobbade, 1962, hade jag flyttat utomhus från min tidigare kontorsmiljö.

Tillsammans med två klasskompisar jobbade jag inom Yttre Renhållningen – Rör under befäl av Stynsberg. Det vi sysslade med var att hålla rent och snyggt mellan alla fabriksbyggnader och kontor inom Rördivisionen. De som känner till något om fabriksområdet hos Sandvikens Jernverk (sedermera Sandvik) vet att Rördivisionen täcker en ganska stor yta. Många byggnader.

Jag minns speciellt att Stynsberg var rädd för att vi skulle dra benen efter oss, speciellt i "gattet". Gattet var nämligen rördivisionschefen, överingenjör Bergolds, synfält. Hans kontor var högt uppe i en av fabriksbyggnaderna och han hade god utsikt över en stor del av området.

1962 firade Sandvikens Jernverk 100-årsjubileum. Samma år invigdes Pressverk 62. Middagar för att fira jubileet avhölls i Pressverket samtidigt som verket officiellt invigdes.

Det här skedde alltså under tiden jag och mina kompisar jobbade inom Yttre Renhållningen på Rör. Vi fick möjlighet att bidra till glansen i samband med jubileumstillställningen.

För att komma till hur vi bidrog krävs en ganska lång inledning så att bilden skall kunna målas upp. Beskrivningen gör jag också för att jag några år senare fick en direkt anknytning till Pressverket. Det kommer jag till senare.

Pressning, eller extrusion, av rör är en spektakulär process. Ett kort kuts pressas igenom ett litet munstycke, matris, och kommer ut som ett långt rör. Det sker i ett steg vid hög temperatur och kraften som behövs kräver en mycket stor maskinell utrustning.

Pressverk 62 är en långsträckt byggnad. En del av byggnaden är i två våningar med beredning av rörämnen i nedre planet och ett par bastanta rörpressar på övre planet. Andra delen av

8

byggnaden är en s.k. appretering där de extruderade rören bearbetas vidare. Uppe i taket löper en travers som flyttar rör, dels från det övre pressplanet ner till appreteringen, dels mellan arbetsställena i appreteringen.

Vid jubileet och invigningen av Pressverket hade man dukat långbord i appreteringen för alla inbjudna. Den första officiella rörpressningen på övre planet gjordes under middagen lördagen den 16:e juni och kunde beskådas av middagsgästerna. Säkert mycket spektakulärt.

Tisdag, onsdag veckan efter ägde ytterligare två middagar rum. Sammanlagt 4000 personer deltog i middagarna.

Så hur var då vårt bidrag till jubileumstillställningen, vi som jobbade i Yttre Renhållningen?

Mitt emot Pressverket fanns ett äldre rörverk, Rörverk 50. Där tillverkades rör enligt den äldre metoden varmvalsning. I pressverket tillverkades rostfria rör, i Rörverk 50 ämnesrör i kolstål, en produkt som sjöng på sista versen.

De båda verken mitt emot varandra representerade verkligen gammalt och nytt, vad gäller såväl produkter som tillverkningsmetoder.

Längs långsidan på Rörverk 50, mitt emot huvudentrén till Pressverk 62, låg en massa ämnesrör upplagda. Eftersom de inte var rostfria var de rostiga. Det såg inte så snyggt ut. Jag och mina kompisar fick tillbringa åtskilliga timmar med att olja in rören så att de skulle se snygga ut när middagsgästerna kom.

I Rörverk 50 fanns en längsgående åskådarbrygga där man kunde beskåda tillverkningen uppifrån. Där fick middags-gästerna gå innan middagen. Miljön i ett rörvalsverk är inte speciellt ren så smuts avlagrades på ledstängerna på åskådar-bryggan. Det åtgärdades genom att jag och mina jobbar-kompisar gick före och torkade ledstången med trasor.

Inoljning av rostiga rör samt torkning av smutsig ledstång var alltså vårt bidrag till gästernas upplevelse av festligheterna.

Middagen fick inte vi åtnjuta. Det fick däremot mamma och pappa som tillhörde de många inbjudna.

Så här var menyn, tryckt på tunt band av rostfritt stål. Texten har slitits med åren så därför förtydligar jag:

Kokt kall lax
Grönsaker och majonnäs

Helstekt oxfilé
Stuvade champinjoner

Jordgubbar med glass

Veuve Clicquot Ponsardin
Gout Americain

Kaffe konjak likör

Presstopp

Nu måste jag motvilligt erkänna att allt jag har skrivit om jubileet inte är sant.

Det genomfördes ingen extrusion under middagen 16 juli 1962!

Hur kommer det sig då att har skrivit som jag gjorde?

Ända från jubileet 1962 tills helt nyligen har jag varit helt övertygad om det jag har beskrivit. Hur jag då fick den informationen minns jag inte men den var säkert helt trovärdig för mig då.

Strax efter att jag hade skickat in manus till den här boken läste jag ett avsnitt i boken "Slaggsten och syren" som handlar om hur Sandviken kom till och har utvecklats. Avsnittet heter "Verket" och är en mustig berättelse skriven av författaren Stig Sjödin. Där finns en bild som visar en invigningstalare och en text där det står att järnverket bjöd på middag i rörpressverket som då ännu inte hade tagits i drift.

Det gjorde mig osäker. Jag skickade ut en fråga i sociala medier och fick så småningom svaret att ingen extrusion hade ägt rum vid jubileumsmiddagen.

Jag har levt med en illusion i 59 år!

Ordningsman och vattentryck

Två år efter jobbet i Yttre Renhållningen då jag alltså bidrog till jubileumsgästernas upplevelse fick jag själv tillträde till appreteringen i Rörverk 62, d.v.s. där jubileumsgästerna avnjöt sin middag vid jubileet. Jag sommarjobbade nämligen där som s.k. ordningsman.

Appreteringen bestod av ett antal arbetsstationer där man arbetade vidare med de rör som hade extruderats på det övre planet i byggnaden. Det handlade om riktning, slipning, provning, syning m.m. De extruderade rören var upplagda i fack i appreteringen.

Min uppgift som ordningsman var att se till att arbetsstationerna/maskinerna fick rätt rörlyft att jobba med. Jag dirigerade traversen som löpte uppe under taket och som kördes av en traversförare. Jag letade upp rörlyften, kopplade på dem och kopplade av vid arbetsstationerna. Stundtals ganska jobbigt. Operatörerna vid arbetsstationerna ville ha rören snabbt eftersom man jobbade på ackord.

I det stora hela ett roligt jobb med skapligt stort ansvar för mig med ringa ålder och erfarenhet.

Året innan jobbade jag som andreman i vattentrycksprovningen. Vattentrycksprovning innebär att man utsätter rör för ett inre, högt vattentryck, för att försäkra sig om att det inte finns sprickor i rören.
Min uppgift som andreman var att se till att täta rören i bakänden. Förstemannen skötte andra änden med vattentillförsel inkl. trycksättning. Rören var olika långa och för mig innebar det en hel del förflyttningar fram och tillbaka och ihärdigt skruvande för att täta änden.

En försmak

Efter gymnasiet blev det 15 månaders militärtjänst, fördelad på I14 i Gävle och I20 i Umeå.

Därefter Kungl. Tekniska Högskolan, KTH, i Stockholm. Den tiden berättar jag mer om i ett senare kapitel.

Under KTH-tiden sommarjobbade jag ytterligare ett par gånger på Jernverket och alltid på Rördivisionen.

Första gången var vi tre sommarjobbare som bockade rör. Man hade riggat upp utrustning i en annars tom fabrikslokal. Långt senare har jag förstått att det förmodligen var ånggeneratorrör vi bockade. Inte visste jag då vad ånggeneratorrör var men det har jag verkligen fått anledning att lära mig långt senare. Det kommer jag att berätta mer om.

Nattskift och studier

Sista sommaren under KTH-tiden jobbade jag och en kamrat med ultraljudprovning av rör. Vi höll till i ena änden av Rörverk 63. Vi var de enda i det stora rörverket som jobbade 3-skift. På nattskiften var det därför ganska ensamt.

På den tiden var det vanligt att de som jobbade förmiddags- och eftermiddagsskift gjorde lite extra så att nattskiftet kunde få det lite lugnare.

Just det året hade jag ett par tentor att klara av direkt på höstterminen, bl.a. i processteknik, vilket i huvudsak handlade om processer för tillverkning av stålprodukter. Eftersom jag hade lite tid över på nattskiften kunde jag göra studiebesök i smältverket och götverket och få lite praktiska perspektiv på det jag tentaläste.

Jag hade jobbat 6 somrar efter realexamen och under tiden jag studerade på gymnasiet och KTH, 5 av dessa somrar inom rördivisionen på Sandvikens Jernverk, bl.a. Pressverk 62 och Rörverk 63. Det fanns även Rörverk 60, Stegvalsverk 64 och

13

sedermera Rörverk 68. Siffrorna anger året när verken invigdes. En koncentration av stora investeringar i rörtillverkning under 60-talet alltså.

Det har givit anledning till några reflektioner om Sandviks utveckling.

Reflektioner om Sandvik

1958 upphörde familjen Göranssons epok efter nästan 100 år som dominerande ägare alltsedan starten 1862. Stenbeck kom in som huvudägare och Wilhelm Haglund blev bruksdisponent.

Jag minns hur det kändes 1957-1958. Företaget gick inte bra och det aviserades om uppsägningar. Stämningen var mycket orolig i många familjer, däribland min egen. Pappa trodde att han skulle bli av med jobbet. Han sökte jobb på Norrbottens Jernverk i Luleå och åkte dit på anställningsintervju och för att titta på jobbet. Jag började mentalt förbereda mig på att bli Luleåbo med allt vad det innebar, inte minst skolan.

Nu blev det inte så, pappa fick behålla jobbet på Sandvikens Jernverk. De nya ägarna och ledningen hade bestämt sig för att satsa offensivt, därav alla investeringar i fabriksbyggnader, inte minst inom rörtillverkningen. Det visade sig bli ett lyckokast.

Den då nye bruksdisponenten Wilhelm Haglund är värd ett eget avsnitt.

14

Han hade utnämnts till chef för en hårdmetallavdelning 1942, som samma år fick namnet Coromant. Utveckling och blygsam tillverkning höll till i övervåningen i en av bandtillverkningens fabriksbyggnader.

På den tiden tillverkades hårdmetall av Fagersta och Luma. Luma kan förefalla ologiskt men bakgrunden är att glödtrådar i glödlampor var tillverkade av wolfram och att wolframkarbid är en huvudkomponent i hårdmetall.

1946 fick Sandvikens Jernverk erbjudande om att ta över hårdmetalltillverkningen från Luma. Jernverkets ledning sade nej. Hårdmetall var ju en främmande fågel för ett stålföretag och verksamheten var inte tillräckligt lönsam. Man var beredd att lägga ned hårdmetallverksamheten. Haglund lyckades emellertid utverka ett års respit. Tillräckligt mycket positivt hände under det året vilket gjorde ledningen mer positiv. När man då var beredd att träffa avtal med Luma hade priset fördubblats. Man accepterade i alla fall och avtalet skrevs under april 1947.

I Wilhelm Haglunds memoarer "Levebröd" finns en fascinerande berättelse om hela förloppet. Läsning rekommenderas.

Vid början av 40-talet var Fagersta längre framme än Sandvikens Jernverk när det gäller hårdmetallutveckling. Fagersta hade också möjligheter att satsa mer på hårdmetall men deras ledning var ännu mer konservativ och mindre progressiv än ledningen på Sandvikens Jernverk.

Jag har träffat personer med anknytning till Fagersta som har beklagat deras brist på framsynthet. Jag har också träffat personer från Luma som ångrar att man inte följde med till Coromant, ett erbjudande som alla anställda inom Lumas hårdmetalltillverkning fick.

Var hade Sandvik befunnit sig idag om inte den dåtida ledningen tagit framsynta (och långtifrån självklara) beslut om satsningarna på hårdmetall och rör?

Och hur hade orten Sandviken sett ut?

KTH (1965-1970)

 Efter militärtjänsten var det dags för KTH. KTH står för Kungliga Tekniska Högskolan och finns i Stockholm.

I det här avsnittet skriver jag en del om nöjen och sport vilket kan tyckas långt ifrån mitt ämne "Nedslag i arbetslivet". Men det tog ganska stor plats under KTH-tiden och KTH-epoken banade ju väg för hela yrkeslivet senare.

Studier

Jag hade haft skapliga betyg i realskolan men hade förmodligen blivit slöare på gymnasiet så betygen sjönk. Baserat på intagningspoäng från tidigare år fanns det inte så många alternativ när jag sökte till KTH. En av flera sektioner på KTH var Bergs. Bergssektionen var första året uppdelad i Gruvteknik och Metallurgi. Baserat på tidigare intagningspoäng var Gruvteknik den linje som hade lägsta intagningspoängen av alla. Dit sökte jag för jag trodde inte jag skulle kunna komma in på någon annan linje. Bergs och Gruvteknik var inte heller helt fel med tanke på min bakgrund från Sandvik och många generationers rötter vid Dannemora gruva.
Gruvteknik blev det alltså och jag kom in.

Efter en termin inom Gruv dök det upp en möjlighet att flytta över till Metallurgi. Den tog jag. Det var mer naturligt för en sandvikare från "bruket". Jag tyckte det var ett trevligare gäng på Metallurgi också. Man skulle kunna tro att det var många från orter med gruvanknytning på Gruv men det var mest stockholmare. Inget fel med stockholmare men de bodde hemma till skillnad mot oss lantisar som bodde på studenthem eller var inackorderade. På Metallurgi fanns det många trevliga lantisar och det skapade en synnerligen trevlig stämning.

Efter första året delades Metallurgi upp i Processmetallurgi, Bearbetning och Materiallära. Lagd åt det mer teoretiska hållet passade Materiallära mig bäst så valet var lätt. Metallografi var ett huvudämne inom Materiallära. Professor i Metallografi var Mats Hillert. Inte alla professorer, hur kunniga de än var, var bra föreläsare men Hillert var fenomenal. När man lyssnade på honom var allt solklart. Han rörde sig med elegans mellan dislokationer, fasomvandlingar, metallstrukturer, segringar etc. Men när man väl skulle läsa till tentan var förtrollningen bruten och man fick gräva ner sig i kompendiet.

Nöjen

Redan första dagen på skolan konfronterades vi nykomlingar av ett gäng fösare. De gick på bergssektionen ett par år före oss. Vi benämndes "nollor" och fösarna, som till skillnad mot oss nollor var elegant klädda, mörk kostym med blomma i kavajuppslaget, körde ett ganska hårt regemente med oss. Det föreföll hårt men sköttes med ett stort mått av humor. Ingen hade väl egentligen någon anledning att ta illa vid sig, med ett undantag. Det var en av oss kurskompisar, en liten, kortväxt kille som föreföll vara ett antal år äldre än oss andra. Honom behandlade fösarna mer brutalt.

På en övning t.ex. hade han en gul slips. Den retade sig fösarna på så mycket att man klippte av den. Vi fick då lära oss att gult var kemisternas färg (Bergs färg var grå) och kemisterna var Bergs värsta antagonister (ej på allvar förstås). Vi klasskompisar tyckte fösarna var alltför brutala mot den stackars klasskompisen och vi blev illa berörda å hans vägnar.

Vid en senare övning stod vi nollor på en gårdsplan utanför porten till bergssektionen och väntade. Vi skulle var och en gå in, passera mellan rader av äldre, hacklande bergsmän, fram till ett bord med fösare där vi skulle svara på helt omöjliga frågor.

Medan vi väntade utanför porten kom en taxi uppglidande. Ur klev vår trakasserade klasskompis bärande på en väska. Vi andra nollor tyckte det var väl fräckt av vår stackars klasskompis att göra entré på det viset. En av fösarna tog väskan från honom och öppnade den. Han hittade en spritflaska. Den slängde han i stenläggningen så vätska och glassplitter flög omkring. Nollan fick en rejäl utskällning. Vi andra nollor blev illa berörda.

Sent omsider visade det sig att den stackars klasskompisen var en s.k. spionnolla. Han var klasskompis med fösarna. Flaskan som slängdes i stenläggningen innehöll vatten. För att spela rollen som nolla fick spionnollan lov att gå på flera av första årskursens föreläsningar, säkert måttligt intressant.

Spionnollan hamnade f.ö., precis som jag, på Sandvik. Här en bild från en resa vi gjorde tillsammans till Sydkorea. Spionnollan Bengt till höger.

Det fanns nolleuppdrag också. De utfördes kvällen då vi till sist blev upptagna som ettor. Mitt uppdrag var ett av de minst utmanande. Jag skulle sätta upp anslag på stan med något lustigt budskap som jag inte ens kommer ihåg idag.

Ett annat uppdrag väckte desto mer uppmärksamhet. Två killar klädda i overall skulle försöka ta sig in så långt som möjligt i TV-huset. Man skulle föreställa hantverkare och mäta sig fram med en tumstock. Det visade sig att de lyckades ta sig ända in i TV-studion under pågående Aktuellt-sändning. Man kom så långt innan man stoppades att en av deras händer syntes i rutan under sändningen.

Det blev ett rabalder utan like. Det var ju en säkerhetsfråga. Hur kunde man tillåta att obehöriga kunde ta sig ända in i TV-studion under sändning?

För bergssektionens vidkommande innebar det att man fick ändra nollningen så att den blev betydligt oskyldigare kommande år.

Perioden med nollning slutade med en tillställning i kårhusets stora matsal. Vi nollor hade haklapp och fick vår middag i bakvänd ordning. Kaffe-dessert-huvudrätt- förrätt (sill och snaps).

Därefter kallades vi i tur och ordning upp på en scen, ställdes återigen för en omöjlig fråga. Eftersom vi inte kunde rätt svar halshöggs vi. Det var en giljotin av skumgummi. Alla äldre bergsmän satt vid dukade bord nedanför scenen och kunde bevittna spektaklet.

Efter middagen redovisades några av nolleuppdragen och till slut kom bergssektionens styrelse under stor vånda fram till att vi nollor kunde få bli ettor.

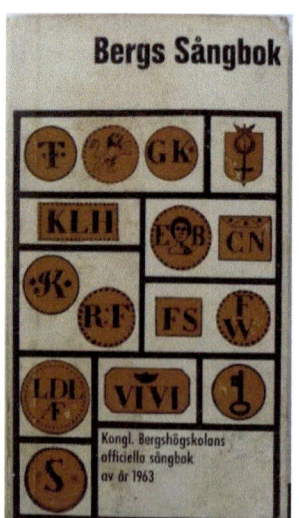

Åren efter hade jag nöjet att befinna mig på "rätt" sida och beskåda nollningen.

En sak som utmärkte Bergs var en uppsjö av sånger, mestadels med fyndig text, inte alltid helt rumsrena. De flesta av oss drillades i de vanligaste sångerna.

Det fanns en speciell sångledare på bergssektionen. Alldeles i början strax efter att vi hade upptagits som ettor hade vi en s.k. gasque i Kårhusets gasquekällare. Under ledning av sångledaren fick vi en duvning i de flesta sångerna i sångboken.

Bergs var den sektion som mer än någon annan förknippades med sånger.

Trots det hörde det till traditionen att Bergs skulle komma sist i den årliga sångartävlan som hölls mellan sektionerna. De flesta sektionerna satsade på att vinna och framförde väl repeterade och professionella framträdanden. Bergs framträdandena var inte vad man kan kalla professionella men ofta fyndiga och alla som ville fick deltaga. För det mesta lyckades man med målsättningen att komma sist.

En av sångerna minns jag och den sjöngs ofta vid andra tillfällen också. Jag nämnde förut att kemisterna var huvudantagonisterna till Bergs.

En sång med välbekant melodi skrevs 1883 för Uppsalastudenterna av Gunnar Wennerberg "Hur länge skall i Norden den döda frid bestå".
I Bergs version gick den så här:
"Hur länge skall på jorden kemister finnas kvar?
 skall alltid höras orden redox-ph-molar
Det ärvda bergsmanssinne som hatar all kemi
belastar ej sitt minne med slikt kvacksalveri"

Sport

Det fanns möjligheter till sport också på KTH.

En årlig turnering var spadbandyn. Det var en turnering där varje årskurs på varje sektion kunde ställa upp med ett bandylag. Varför det hette spadbandyn är jag inte säker på, kanske första priset var en spade.

Många av oss på Bergs kom från bruksorter och hade bandyn i blodet. Jag vill minnas att Väg och Vatten hade skapliga lag också. Annars var det klent med motståndet.

Ett år gick laget från min årskurs till final. Finalmotståndaren var årskursen på Bergs som gick två år före oss. När finaldagen kom var det strålande väder och spegelblank is på Östermalms ip. Perfekta förhållanden och final mellan två lag från Bergs. Bättre kunde det inte bli.

Efter några få minuter råkade två spelare från mitt lag krocka med varandra. Båda skadades och kunde inte fortsätta. Då beslutade vi att avbryta matchen. Snöpligt!

När något lag från Bergs vann spadbandyn brukade sektionen bjuda på en back öl i kårhusets café. Den här gången fick båda lagen samlas och dela på backen.

Jag spelade några matcher med KTH's fotbollslag. Vid ett tillfälle åkte vi till Berlin och spelade mot ett lag från en teknisk högskola där. Det som jag minns bäst var att vi övernattade i ett rum under en läktare på Berlins gamla olympiastadion där olympiska spelen gick av stapeln 1936.

Skogshögskolan ordnade varje år den s.k. Skogiskavlen. Kavle, eller budkavle, kallade man förr det som numera, även i orientering, heter stafett. I det här fallet var det en tävling mellan tremannalag. Det som var lockande med den här tävlingen var den middag som avhölls på "Skogis" kvällen efter tävlingen. Den hade rykte om sig att vara en mycket trevlig tillställning.

Jag och två kurskompisar ställde upp ett år. Jag hade orienterat en hel del i yngre år men det var länge sedan och jag var inte heller speciellt vältränad den här gången. Vädret var vidrigt, kallt och regnigt. Det slutade med att jag blev sjuk, i alla fall tillräckligt för att det inte skulle bli någon middag på Skogis för mig.

På KTH´s kårhus fanns ett biljardbord. Där tillbringade jag en hel del tid. Bordet var i skapligt skick men inte i toppklass.

Eftersom jag spelade där ofta lärde jag mig behärska bordet ganska bra.

Något år efter mig började en person på Kemisektionen, Sten Hebert. Han var svensk mästare i biljard, trevallarscarambole. Vi båda var medlemmar i Stockholms Biljardakademi.

Vi spelade en match på bordet på KTH´s kårhus. Jag vann. En merit med viss tvekan. Sten tyckte bordet var ojämnt och sade att det var som att spela i Lill-Jansskogen.

Ex.jobb och Signe Hasso

Sista året var det dags för examensarbete. Jag och kompisen Kjell valde en uppgift på Institutet för Metallforskning. Uppgiften var att ta reda på hur olika legeringsämnen inverkade på hårdhet och seghet efter härdning och anlöpning av ett verktygsstål.

En stor del av tiden tillbringade vi vid ett elektronmikroskop. Det kan verka lite paradoxalt att det krävs en apparat som i storlek kräver två våningar i en byggnad för att man skall kunna studera partiklar som är för små för att kunna studeras i ett vanligt mikroskop.

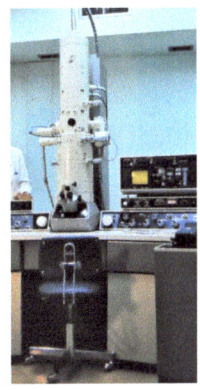

(Bilden visar övre delen av ett elektronmikroskop. Nedre delen finns i våningen under).

Vår handledare var Sten Modin, en ekvilibrist inom området mikroskopering. Han delade kontorsrum med sin hustru Helfrid. Deras kontor var litet med ett skrivbord längs hela långsidan. Där satt de bredvid varandra med var sitt mikroskop. I ena kortänden av skrivbordet fanns arkivet. Det bestod av en säkert meterhög, till synes oordnad bunt med papper och dokument. På något vis verkade det fungera. När Sten Modin skulle ha något papper dök han in i högen och plockade fram det.

Sten och Helfrid gick alltid omkring i vita laboratorierockar. Helfrid var liten och ganska oansenlig. Makarnas stora gemensamma intresse var mikroskopering och det ryktades om att de utövade sitt stora intresse hemma också. Ordningen i övrigt hemma påstods lämna mycket övrigt att önska. Det var säkert ingen prioritet för dem.

Under den tid vi gjorde examensjobbet gav makarna Modin ut en lärobok om just mikroskopering, "Handbok i Metallmikroskopering". Den fick inte alltför positiva recensioner, inte så mycket för innehållet utan för att den var skriven på väldigt formellt gammaldags svenska. Sten Modin var mörk i synen några dagar efter att recensionen hade kommit ut.

Sten Modin hade varit kurskamrat med Mats Hillert, den sedermera eminente professorn och föreläsaren. Hillert var också ett stort namn internationellt. Sten Modin hade uppenbarligen komplex över att stå i skuggan av Hillert. En dag kom Modin in till oss: "Grabbar, skall jag berätta en sak? Hillert är färgblind".

I ett av rummen där vi brukade vara när vi använde vanligt mikroskop, vilket vi gjorde emellanåt, fanns riktigt gamla mikroskop, det var som ett museum. Ett av mikroskopen tyckte vi verkade intressant så vi ville prova. Vi tryckte in en kontakt och vips började tung, vit rök välla ut. Vi stängde av omedelbart och smög iväg till rummet med elektron-mikroskopet. Efter en stund hördes röster i korridoren, bland annat Sten Modin som hade ett väl utvecklat luktsinne. Kjell och jag satt tysta och låtsades jobba tills det blåste över men skamsna var vi.

24

När Kjell och jag hade avslutat examensjobbet lämnade vi in vår slutrapport till Sten Modin. Det dröjde länge innan vi hörde något så vi efterlyste ett besked. "Jag har haft lite ont om tid. Vi har haft besök, Signe Hasso, ni vet".

För yngre personer säger kanske namnet Signe Hasso inte så mycket men hon var på sin tid ett mycket stort namn. Hon gjorde ett 60-talfilmer i Sverige och Hollywood, ofta mot dåtidens stora manliga skådespelare.

Hon spelade också teater och skrev böcker. Hon bodde i USA men gjorde ett av fåtaliga besök i Sverige just sommaren när vi gjorde examensarbetet. Då var hon också på TV.

Den glamorösa stjärnan Signe Hasso visade sig vara syster med Helfrid Modin, den lite oansenliga, tillbakadragna kvinnan med mikroskopintresse som yrke och huvudintresse.

Sandvik (1970-1990)

På senhösten 1969 var KTH-epoken klar och jag hade fått bergsingenjörsexamen. Dags att börja tänka på jobb. Med bergsingenjörsexamen i ryggen låg det nära till hands att sikta mot något järnbruk. Sandvik skulle det inte bli. Jag ville prova vingarna någon annanstans och det fanns ju andra bruk. Men Sandvik blev det.

Händelser på hemmaplan

Darrig start

En kurskamrat hade börjat på Sandviks Stålforskning lite tidigare och på hans avdelning dök det upp ett jobb. Han tipsade om mig och jag blev kontaktad därefter.

En dag i början av januari 1970 tog jag tåget från Stockholm till Sandviken och knallade tvärs över gatan till Bruksmässen. Där skulle jag äta lunch med Axel Bernstein, överingenjör och chef för Band- och Trådlaboratoriet och Bertil Bergkvist, chef för Trådlaboratoriet.

Jag anlände tidigt och fick sitta ganska länge i Bruksmässens entré. Det var väldigt kallt ute och entrén var inte speciellt väl uppvärmd. Jag hann börja frysa ganska ordentligt innan herrarna Bernstein-Bergkvist dök upp. När vi satte oss till bords darrade jag och mina händer skakade av köld. Jag skämdes och jag tänkte att de trodde att jag var nervös.

Nåväl, jag fick i alla fall jobbet och började min anställning 2 februari 1970.

Första tiden

Chef för Stålforskningen var John Olof Edström, sedermera "Norrbottens Messias" när han flyttade till Norrbottens Jernverk i Luleå och investerade stort på NJAB. Honom förhandlade man inte lön med. Vi var ganska många från

KTH som började i den vevan. Alla fick skriva på 3-årsavtal, 3000 kr/månad år 1, 3100 år två och 3200 år tre.

Något överflöd hemma hos oss var det verkligen inte fråga om, speciellt inte med en hustru som inte jobbade utan väntade barn. Tack IKEA för alla billiga möbler!

Allra första inköpet av matvaror m.m. var speciellt. Längre kvitto har vi aldrig haft. Vi satte upp det på väggen. Summan var ca 130 kr!

(När det här skrivs är det isolering p.g.a. Coronaviruset. Vi har precis fått en hemleverans av matvaror. Lika långt kvitto som 1970. 10 ggr högre pris!)

Februari 1970 var väldigt kall, vissa dagar bortåt 35 minusgrader. Någon bil hade vi inte råd med. Vi bodde längst bort i Björksätra och den som är hemmastadd i Sandviken vet att det är en lång, spikrak väg till Sandvik. Ingen höjdare att cykla i värsta vinterkylan.

Ett sidospår. Under KTH-tiden spelade jag en hel del biljard, många timmar fördrevs vid kårhusets biljardbord. Jag var också medlem i Stockholms Biljardakademi som det så vackert hette. När man på Biljardakademin fick veta att jag skulle flytta till Sandviken berättade man om en duktig biljardspelare, "Berka", som hade flyttat till Sandviken några år tidigare. Det visade sig vara min blivande chef Bertil Bergkvist!

Jag lämnar inte sidospåret ännu. Vid ett tillfälle åkte ett 3-mannalag från Stockholms Biljardakademi till Uppsala för att spela mot en Uppsala-klubb. Vi fick var sin motståndare. Min motståndare visade sig vara min klasskompis i gymnasiet, Bosse från Hofors. Han gick på Uppsala Universitet.

Första dagen på jobbet på Sandviks Stålforskning var det naturligtvis spänt. När jag kom in i min korridor för första gången möttes jag av en äldre bergsingenjör som hade gått ut ett par år tidigare. Han hälsade mig med: "Och här kommer du från Teknis och tror att du kan nå't".

Men jag trodde nog ändå att jag kunde nå't. Jag hade ju läst materiallära för professor Hillert och visste att det ämnet hade blivit betydligt vassare än bara ett par år tidigare. Där var jag lite mer förberedd. Men ganska snart upptäckte jag att allt materialfokus i Sandviks Stålforskning var på rostfritt och höglegerat stål. Det hade vi knappt berört på KTH.

Här är en del av gänget jag hade omkring mig en del av tiden på Stålforskningen.

Intressekontoret

Det finns en, måhända långsökt, koppling till bilden ovan.

På Sandvik fanns förr ett speciellt kontor, Intressekontoret. Det fanns i en separat kontorsbyggnad strax nedanför Sandviks huvudkontor. På Intressekontoret kunde man få hjälp att hantera diverse ekonomiska ärenden. T.ex. kunde man göra en årsbudget över sin privatekonomi. Hade man gjort en skapligt korrekt budget drogs ett och samma belopp från lönen varje månad oavsett hur utgifterna utföll under året. Värdefullt, inte minst om man hade höga utgifter i början av året. Dessa spreds då ut jämnt över året. Första året på

28

Sandvik var det speciellt värdefullt för mig och hustru Monica eftersom vi skulle sätta bo utan att ha just några tillgångar.

Jag skrev att vi inte hade råd med bil i början. Så småningom blev det bil i alla fall. En Saab 96. En sak som visade sig ha betydelse var att modellen hade frihjul, ett arv från Saabs tidigare tvåtaktare. Frihjul innebär avsaknad av motorbroms vilket bl.a. innebär att man måste använda handbromsen när man parkerar. Att lägga in en växel fungerar inte.

En av personerna på bilden på föregående sida var min chef under några år när jag jobbade på Stålforskningen. En duktig person men lätt oorganiserad och disträ ibland.

Vid ett tillfälle skulle han åka på utlandsresa och började få ont om tid. Han frågade om han fick låna min bil. Han hade bråttom och skulle hämta biljetter och kanske reskassa på Huvudkontoret där Resetjänst och Kassa fanns. Självklart fick han låna bilen. Han skyndade till Huvudkontoret, parkerade bilen med en växel i och skyndade sig in genom porten. När han kom ut igen fanns inte bilen kvar. Den hade rullat bakåt nerför backen till Intressekontoret och krockat med en parkerad bil där.

Disträ chef

Min dåvarande chef slipper inte undan på en gång. Han var alltså ganska disträ men föreföll också ganska obekymrad över det och hade en förmåga att landa med fötterna ner.

En gång skulle han hålla ett mycket viktigt föredrag inför en stor samling människor i USA. Han hade övernattat på ett hotell i centrala Washington D.C. och skulle flyga till en annan stad där han skulle hålla sitt föredrag senare på dagen. På flygplatsen upptäckte han att han saknade sin portfölj. Där hade han allt material för föredraget, inkl. diabilder som man använde på den tiden. Portföljen måste ju vara kvar på hotellet så ett brådskande telefonsamtal dit. Det visade sig då att portföljen stod på trottoaren. Han hade glömt den när han

29

steg in i taxin. Portföljen hade fått stå orörd mitt ibland alla
förbipasserande. Man ordnade snabb transport av portföljen
med taxi och flyg och den hann fram i tid innan föredraget.

Auktoritär chef

Jag nämnde chefen för Stålforskningen, John Olof Edström.
Han satte verkligen sin prägel på tillvaron. Många var rädda
för honom. Han hade sitt kontor på fjärde våningen. Mitt
kontor var på första våningen. På första, och kanske andra,
våningen kunde vi unna oss kaffepaus, inte bara på
eftermiddagen utan även på förmiddagen. På fjärde våningen,
och kanske även tredje, vågade man inte dricka
förmiddagskaffe. J O Edström kunde ju se.

John Olof kunde ibland göra rundvandringar bland personalen
på Stålforskningen. Mig hände det ett par gånger. Plötsligt stod
han innanför dörren och spände den stränga blicken: "Vad gör
ni då?". Då fick man nervöst redogöra för vad man sysslade
med just då.

När John Olof så småningom försvann till NJAB i Luleå blev
det lugnare men inte nödvändigtvis bättre.

Ingenjör E

Jag tillhörde alltså Trådlaboratoriet och sysslade med
produktutveckling och teknisk kundservice. Det innebar
mycket kontakter med trådtillverkning och trådförsäljning.
Ledningen av trådtillverkningen bestod av den kunnige och
synnerligen humane överingenjör von Hofsten samt fyra
driftsingenjörer med var sitt ansvarsområde i produktionen.

Man hade ett högtalarsystem som sköttes av en kvinna på
kontoret. Driftsingenjörerna var ofta ute på verkstadsgolvet så
när någon sökte dem ropade hon i högtalarna, "ingenjör X har
telefon".

Tre av de fyra driftsingenjörerna var relativt unga och moderna och tyckte inte om att man ropade "ingenjör X" i högtalarna. Man bad därför kvinnan på kontoret att ta bort "ingenjör" och istället ropa ut för- och efternamn. Så blev det, med ett undantag. Den fjärde ingenjören, en äldre barsk man som hade några få år till pensioneringen ville/vågade man inte fråga. Så han kom att heta "ingenjör E" i högtalarna tills han gick i pension.

Explosionen

Flera år senare hade jag lämnat Stålforskningen för Rörförsäljningen. En gång gjorde jag ett besök tillsammans med två kunder från Tyskland som ville se Stålforskningen och träffa någon där. När vi var klara stod vi i trapphuset någon våning upp och väntade på en person. Trappfönstret vette mot Stålforskningens baksida. Där fanns en byggnad där man bedrev utveckling, bl.a. försökstillverkning, smältning, gjutning, bearbetning i liten försöksskala.

Medan vi stod i trapphuset hördes en väldig smäll. Vi tittade mot försöksanläggningen och såg en hög med tegelstenar. Ur högen stack upp ett huvud och axlar. Det visade sig att det hade skett en explosion i försökshallen och väggen på kortsidan hade gett vika. Vi fick snart veta att byggnaden var konstruerad så att en kortvägg lätt skulle ge vika om det inträffade något som orsakade övertryck, t.ex. en explosion.

Vi fick också snart veta att den person vars huvud och axlar stack upp ur tegelhögen hade klarat sig utan allvarliga skador. Till saken hör att det här hände när Baader-Meinhofligan härjade som värst i Tyskland. För mina tyska gäster var det därför en mycket skrämmande händelse.

Dagens namn

På 70-talet hade DN emellanåt en liten artikel som hette Dagens Namn. Man skrev om personer som hade utmärkt sig

31

på något sätt. Vid ett tillfälle var Stålforskningschefen John Olof Edström Dagens Namn. Bilden var emellertid på chefen för Band- och Trådlaboratoriet, Axel Bernstein. Artikeltexten beskrev visionen om rostfria kläder.

Bakgrunden var att journalisten från DN hade besökt Stålforskningen i ett helt annat ärende. På Bernsteins kontor såg han en liten spole med tråd i mycket tunn dimension. Journalisten frågade Bernstein vad det var. "Textiltråd" svarade Bernstein intet ont anande. Tråden var ett prov från ett sekretessbelagt samarbete med ett amerikanskt företag. Tråden var tänkt att dras till mycket tunna dimensioner och användas som förstärkning i någon textil. Men journalisten hade spunnit vidare på ordet "textiltråd" och beskrivit en framtid med rostfria kläder.

Det tog hus i helsike. Samarbetet med det amerikanska företaget var i högsta grad sekretessbelagt, artikeln var våldsamt överdriven, John Olof Edström var Dagens Namn men det var Axel Bernstein på bilden. Stackars Axel fick nog tyvärr sina fiskar varma.

Kaffegrädde

Vi hade besök av två japaner från något av de företag vi hade, någon form av samarbete med. Bosse och jag hade lunch med japanerna på Bruksmässen. Som vanligt avslutades lunchen med kaffe på Mässens övervåning. Jag hade en av japanerna på min vänstra sida. Mitt emot oss satt Bosse och den andre japanen. På den tiden använde jag grädde till kaffet. Det många minns, och kanske finns det fortfarande, kaffegrädde i små tetraförpackningar. Öppningen var täckt med en tejpbit. Jag tog bort, trodde jag, tejpbiten och försökte trycka ner grädden i kaffet men det gick trögt. Bosse började skratta. Det visade att jag inte hade tagit bort tejpbiten ordentligt. Gräddstrålen for iväg snett åt vänster och träffade kavajuppslaget på min grannes mörka, fina kostym. Bosse, som satt mitt emot mig, såg hela förloppet till sin stora glädje.

Nära kulturchock

Efter den för mig lite pinsamma incidenten tog vi en promenad från Bruksmässen. Japanerna bodde på den gästgård som låg vid Storgatan, rakt nedanför Sandviks huvudkontor. De skulle strax hämtas för transport till Arlanda. Bosse och jag väntade medan de gick in i gästgården för att hämta sina väskor.

Medan japanerna var inne i gästgården kom Sandviks dåvarande VD och koncernchef cyklande precis framför näsan på oss. Han skulle antagligen hem till bostaden för lunch. Först tyckte vi att det var synd att japanerna inte fick möjlighet att se vår koncernchef i egen hög person. Med lite eftertanke insåg vi att det kanske var bäst som skedde. Det hade kanske varit en alltför kraftig kulturkrock. En koncernchef som cyklar hem för lunch. En omöjlighet i Japan. Där skulle nog koncernchefen åka limousin med chaufför. Cykeln som "vår" koncernchef cyklade på var dessutomn mycket väl använd och sliten och långtifrån av senaste årsmodell. VD var privat en mycket sparsam person som inte skaffade nytt i onödan.

Minnesota Fats

John anställdes av Sandviks amerikanska dotterbolag som säljare av svetstråd.

På den tiden fick alla utländska säljare förr eller senare komma till Sandviken för utbildning. Den brukade pågå i två veckor från måndag vecka 1 till fredag vecka 2.

John passade in i schablonen av en självsäker, skrytsam amerikan. På den tiden fanns inte Storsjömässen så alla deltagare i utbildningen fick sin lunch på Bruksmässen. Jag råkade befinna mig utanför Bruksmässen efter lunch fredagen vecka 2 då jag såg John komma ut på trappan. Han höjde armarna mot skyn och ropade: "Thank God, no more pickled herring!" (Tack Gud, ingen mer inlagd sill!).

33

John anlände till Sandviken veckan innan utbildningen. Han bekantade sig då med säljarna på Trådförsäljningen. Bara någon dag efter att han hade kommit från USA bjöd han ut några av de yngre grabbarna på Trådförsäljningen på några drinkar. När det var dags att betala kallade han på servitrisen.

Två saker var John inte medveten om:
1) Valutakursen kronan-dollarn. John hade inte brytt sig om att ta reda på det.
2) Priset på drinkar i Sverige. Betydligt högre än i USA.

För att imponera på grabbarna hade han rullat ihop en hundralapp som han hade i byxfickan. Han tog upp den och knäppte upp den från höften så att den hamnade på bordet. "Kan jag få fyra till", sa servitrisen.

En kväll åt jag middag med John på Bruksmässen. Vi kom att prata om biljard. Jag var hängiven biljardspelare, hade spelat på "Biggen", d.v.s. Oskar Blombergs biljardhall under dåvarande Grand-biografen samt varit medlem i Stockholms Biljardakademi under studietiden på KTH.

John hade spelat mycket i det militära och påstod också att han hade spelat mot Minnesota Fats. Vem var det då?

En mycket populär film på den tiden var "The Hustler" ("Fifflaren" på svenska). Paul Newman spelar biljard mot Minnesota Fats, spelad av komikern Jackie Gleason. Jag och mina biljardkompisar hade sett filmen flera gånger. Minnesota Fats fanns i verkligheten. Att John hade spelat mot honom tog jag dock som skryt.

På den tiden fanns en biljardhall, en trappa upp i det s.k. Bellmanhuset. Hallen drevs av bröderna Jönsson.

Nåväl, John och jag bestämde oss för att spela lite biljard där efter middagen. I början vann jag oftare än John och kände mig övertygad om att hans tal om biljardspelande på hög nivå var skryt.
Efter ett tag sa John att han hade svårt att koncentrera sig. För

att skärpa sig lade han ena handen bakom ryggen och spelade med en hand. Då blev han mycket bättre. Efter ett litet tag upphörde allt spelande på de andra borden och alla spelare flockades runt vårt bord för att se John spela med en hand!

Korpen

John, som jag just har berättat om, hade kontakter med Trådförsäljningen. Det hade jag också. På den tiden jobbade jag ju med trådprodukter på Stålforskningen.

Korpen hade en mycket omfattande verksamhet på den tiden (och säkert sedan dess också). Drivande kraft var legendaren Torsten Magnusson, Korp-Magnus kallad.

Ett år fick jag vara med i Trådförsäljningens fotbollslag. Jag hade ju i alla fall en anknytning till Trådförsäljningen. Några av spelarna jobbade där, andra blev värvade till laget.

Det var ingen dålig laguppställning och resultatet blev att vi vann hela Korpen det året.

Fotot är taget vid en middag då vi firade segern. Det är spelarna i laget plus ett par vänner, supportrar. Liggande är Karl-Gunnar Jäderström, mer känd som "Flamman". Han var målvakt och hade lagat maten till festen. Flamman var också min klasskamrat i hela grundskolan.

Mer fotboll

Ett par år i samband med att jag började på Sandvik arrangerades fotbollsmatcher mellan Sandvik och Söderfors Bruk som då ägdes av Stora Kopparberg. Lagen bestod av personer på de båda företagen som hade gått på KTH.

Platschef på Söderfors bruk var då Bo Berggren som senare blev koncernchef för Stora Kopparberg. Därefter länge en av tungviktarna i svenskt näringsliv.

Berggren är född och uppvuxen i Järbo, strax norr om Sandviken. I sin ungdom var han en duktig fotbollsspelare där. Möjligtvis bidrog han till att matcherna mellan Sandvik och Söderfors kom till stånd.

Något år innan jag började på Sandvik hade det varit en ganska jämn match. När jag deltog spelades matchen på neutral plan i Österfärnebo. Tyvärr var Berggren inte med då. Kanske bidrog det till att Söderfors inte hade den vassaste laguppställningen. Vi från Sandvik vann med 8-0. Min blygsamhet förbjuder mig att nämna hur många mål jag gjorde men det var ett antal!

Slumpartad produktutveckling

Tråd för tändstiftselektroder är en något udda produkt som jag hade ansvar för under en kortare tid.

 Elektroderna i tändstiften består av legeringar med i huvudsak nickel. Det är en typ av legering som inte riktigt platsar i Sandviks sortiment men lockelsen var stor eftersom det handlar om en mycket stor förbrukning. Det finns många bilar i världen!

Vi fick en provorder från en tändstiftstillverkare i Tyskland. En liten kvantitet tillverkades. Då visade det sig att halten Mg (Magnesium) blev för hög och hamnade utanför kundens specifikation. I normala fall skulle man skrota materialet och tillverka nytt.

Några på Stålforskningen tyckte emellertid att det skulle vara intressant att fortsätta tillverkningen. Eftersom det fanns ganska begränsad erfarenhet av en sådan legering ville man ta reda på hur den skulle fungera i varmbearbetningen med en så pass hög Mg-halt. Men det var klart att det inte skulle skickas något till kunden. På något vis slank materialet ändå igenom tillverkningen och levererades till kunden.

En tid därefter kom det ett meddelande från kunden att man hade testat materialet och det visade sig att det blev längre livslängd på tändstiften! Succé, trodde vi.

Men hur var förklaringen? Vi skyndade att gräva i litteraturen och kom fram till en nödtorftig förklaring. Snabbt skrev vi (jag och två andra) ihop en patentansökan. Det gällde ju att skydda vår "uppfinning".

När jag skriver det här läser jag att Sandvik är världsledande med 6100 patent. Vår patentansökan var inte en av de vassaste. Den avslogs också.

Men hur gick det med kunden?
Den bistra verkligheten visade upp sig. Tändstiftsbranschen fungerar nämligen så att tillverkarna av tändstift tillhandahåller gratis tändstift till nyproducerade bilar. I slutändan tjänar man

ändå på det. När tändstift behöver bytas brukar bilägare och
verkstäder byta till samma märke. För oss innebar det att
kunden inte ville ha det "nya, bättre" materialet.

Ledarskap

Min egen erfarenhet av tiden på Sandvik är att vi, i alla fall
inom min närmaste omgivning pratade en hel del om
ledarskapsfrågor och det hade vi säkert stor nytta av.
Visserligen var organisationen i huvudsak rätt så auktoritär
men vi som chefade på lite lägre nivå gjorde så gott vi kunde
att tillämpa modernt ledarskap. Med organisationen avser jag
Sandvik Steel (sedermera SMT) där jag har all min erfarenhet.
Hur det var i andra delar av företaget kan jag inte uttala mig
om.

Nåväl, vid ett tillfälle gjordes en stor satsning på
ledarskapsutveckling.

Infiltration av konsulter

Satsningen hette Sandvik Management Development (SMD).
Det var en vällovlig satsning som jag har all respekt för. Inom
Sandvik Steel, som fortfarande är den del av Sandvik som jag
kan uttala mig om, involverades alla som hade någon slags
chefsbefattning, från förmännen i produktionen till högsta
ledningen. Det blev väldigt många människor.

Eftersom det var väldigt många chefer blev det väldigt många
konsulter. När många konsulter är involverade i ett företag blir
det lätt så att några av konsulterna är unga och inte så erfarna
och kan väga lätt mot garvade människor i företaget. Så var
det här också.

Man kan om man vill dra en parallell med invasionen av BCG-
konsulter (Boston Consulting Group) hos Nya Karolinska
Sjukhuset. Nu var det inte lika illa på Sandvik som på
Karolinska men det är svårt att låta bli jämförelsen (speciellt

38

som jag läser boken Konsulterna samtidigt som jag skriver det här).

Jag skall inte skriva "illa", det kanske rentav var riktigt bra för Sandvik. Jag vet inte, jag var nog inte kvar på företaget tillräckligt länge för att kunna utvärdera. Hur som helst, det som framförallt etsas sig fast hos mig är några mer kuriösa inslag.

Alla chefer var indelade i grupper, var och en ledd av en inhyrd konsult. Grupperna träffades med någon månads mellanrum. I min grupp fanns bl.a. divisionschefen samt några av förmännen i produktionen.

En av punkterna på programmet handlade om att ge underställda beröm, t.o.m. en klapp på axeln, för bra utfört jobb.

En av de äldre mer erfarna förmännen hade svårt för "klapp på axeln": "Vad är det för dumheter? Det dom ska göra de jävlarna ska de väl göra".

Vid slutet av en övning fick alla i uppdrag att förbereda något som skulle visas upp vid nästa tillfälle. Divisionschefen lovade att lära sig spela på ett instrument.

Vid nästa tillfälle framträdde han och spelade ett litet stycke på ocarina. Vi andra fick till uppgift att säga en siffra mellan 1 och 9 som var förknippad med stycket. Vi var två som hade rätt siffra, 9. Den andre chansade, jag visste. Det var ett tema från sista satsen i Beethovens 9:e symfoni. Det är ett parti, normalt framfört med stor symfoniorkester och stor kör, nu framfört på ocarina!

FEM

Ett av de program för ledarskapsutveckling jag hade glädjen att få delta i kallades FEM. Det står för **F**öretagsanpassad **E**xtern **M**anagementutbildning. Men FEM betyder också att FEM företag deltog. Utöver Sandvik, Ericsson, Atlas Copco,

Saab Scania och Electrolux. Dessutom deltog i varje kursomgång FEM personer från respektive företag (utom Electrolux som deltog med två personer).

Vi var inkvarterade på en kursgård vid ett par tillfällen hela veckor från måndag förmiddag till fredag eftermiddag. En av kvällarna brukade en extern person vara inbjuden för att berätta om något. Ett sådant exempel finns i nästa avsnitt "Kreativ politik".

Ett inslag under kursen var att arbeta med ett företagsprojekt. Vi kursdeltagare delades in i grupper med en person från varje företag. Alla deltagare skulle föreslå ett projekt från sitt företag och sedan bestämdes vilket av projekten varje grupp skulle ägna sig åt. Syftet var att man skulle få perspektiv på projekten från personer utanför det egna företaget.

I min grupp valdes projektet från Sandvik som jag hade föreslagit.

Det fanns då ett spännande projekt som byggde på en teknik som hade tagits fram av ett engelskt företag och som Sandvik hade skaffat sig rättigheter till.

Det var en väldigt annorlunda teknik att tillverka rör jämfört med konventionell teknik. Man sprutade smält metall på en roterande kärna och fick fram rör direkt i stället för via varmvalsning eller extrusion. Men tekniken var långtifrån självklar.

Jag (med flera) hade länge tyckt att projektet inte var så bra organiserat. I och med att det var just detta projekt som hade valts ut på kursen hade jag stuckit ut nacken en del.

Tillsammans med kursdeltagare från Ericsson, Saab-Scania och Atlas Copco tillbringade jag några dagar på Sandvik i Sandviken. Vi fick möjlighet att träffa de personer som var involverade i projektet.

Tillbaka på kursen skrevs en rapport av vår grupp. Den innehöll en del kritik.

Mottagare av rapporten var Sandviks dåvarande stålchef. Han fick sedan ställa upp när rapporten presenterades på kursen. Entusiasmen var måttlig för att uttrycka det milt!

Kreativ politik

Vid ett av de tillfällen när vi hade externt besök deltog en person som då var statssekreterare på Finansministeriet under finansministern Kjell Olov Feldt. Han var en synnerligen briljant ekonom med talets gåva.

Han dök upp hos oss under tiden man jobbade med kommande års budget på Finansdepartementet.

Han berättade att man på Finansdepartementet var överens om vissa åtgärder som skulle vara bra för svensk ekonomi. Kruxet var att åtgärderna skulle uppfattas som alltför marknadsliberala. Det skulle en socialdemokratisk regering och riksdagsmajoritet inte köpa.

Det man då gjorde var att krydda förslaget så att det blev ännu mer marknadsliberalt. Självklart mötte det motstånd. Då backade man och lade fram ett kompromissförslag. Det accepterades. Resultatet blev att man hamnade där man ville från början men gick en taktisk omväg.

Stand-up

En annan kurs jag deltog i hette International School of Sales och tilldrog sig i närheten av Genevesjön på franska sidan. Vi var ett femtontal deltagare från flera länder i Europa.

Några månader tidigare hade jag börjat spela squash. Svåraste motståndaren var kollegan Lennart som hade spelat längre tid och hade mer rutin än jag. Jag förlorade några gånger men till slut, och det blev sista gången jag spelade, hade jag en bra möjlighet att vinna mot honom. Jag ansträngde mig säkert lite extra då jag hade honom på gaffeln. Precis på slutet av matchen kände jag att det hände något i höften/benet. Mer än så var det inte förrän nästa dag. Då hade jag ont, framförallt när jag skulle sitta. Både hemma och på jobbet fick jag tillbringa en hel del tid stående eller liggande. Jag kunde sitta bara korta stunder innan smärtan kom.

Jag tipsades om en massör i Hälsingland som hade anlitats av några i svenska skidlandslaget. Till honom åkte jag flera gånger. Varje gång kändes det mycket bättre när jag kom hem men bara till dagen efter.

Jag var då anmäld till kursen jag nämnde ovan och ville helst hoppa av p.g.a. mina problem. Men det var en ganska dyr kurs och kursavgiften skulle inte betalas tillbaka. Därför bestämde jag mig för att åka. Redan resan var ett elände. På väg till Arlanda fick jag lov att kliva ur ett par gånger och röra på mig. Resten av resan fick jag ta varje tillfälle att stå upp och röra på mig.

Kursen pågick måndag till fredag och jag tillbringade dagarna i kurslokalen stående allra största delen av tiden.

Det var inte bara negativt, kursen var bra. En övning minns jag speciellt. Vi hade rollspel där vi skulle agera på sätt som vi inte alls var vana vid.

En av kursdeltagarna var en italienare som väl uppfyllde schablonen av en italienare; känslosam, pratsam, stora gester. Han och jag fick spela mot varandra. Han fick vara min chef. Jag skulle storma in på hans kontor och klaga över något, gestikulera och prata upprört. Han skulle sitta bakom skrivbordet med armarna i kors och vara lugn och behärskad.

Exempel på dåligt ledarskap

Man brukar säga att "ledarskap smittar". Det gäller förstås både bra och dåligt ledarskap. Exempel på bra eller dåligt ledarskap påverkar underlydandes beteende samt skapar berättelser som sprids.

Jag har ett eget exempel som må vara litet men som har fått mig att berätta för många andra samt skriva om det här.

Många gånger har jag åkt bil mellan Sandviken och Arlanda i samband med utlandsresor. För det mesta fanns det andra från Sandvik som skulle åka med samma flyg eller andra flyg med avgång ungefär samtidigt. Då hämtades man hemma resp. på Arlanda och åkte gemensamt. Emellanåt, när det inte var praktiskt att samordna, fick man köra hyrbil själv. Vilkendera som gällde visste man alltid på förhand.

Vid ett tillfälle var jag på väg med flyg tillbaka till Arlanda. Jag visste att jag skulle hämtas på flygplatsen. Vilken eller vilka som var medpassagerare visste man som regel inte men längre fram i planet (första klass) kände jag igen Lennart Ollén, stålchef och sedermera koncernchef. Jag antog att vi skulle åka i samma bil till Sandviken.

Vid bagageutlämningen var jag en av de sista som fick min resväska. När jag kom ut från passkontrollen såg jag inte någon chaufför vilket man alltid brukade se på en gång. Jag såg mig omkring och väntade ett tag men såg varken någon chaufför eller någon annan Sandvikanställd. Eftersom jag inte såg Ollén heller tänkte jag att han kanske hade en egen transport.

Jag ringde Sandvik och lyckades få tag på någon reseansvarig. Man hade ingen förklaring och kunde bara råda mig att vänta på en person som skulle komma med ett senare flyg. Så blev det. Jag fick till slut åka med J som då jobbade inom Sandviks HR-funktion.

Dagen efter kollade jag upp vad som hade hänt. Fick svaret att Lennart Ollén hade sagt till chauffören:"Det finns inga fler från Sandvik på planet. Vi åker". Tablå!

Affärsverksamheten

Efter Stålforskningen hamnade jag på Rördivisionen med marknadsförings- och försäljningsansvar för några marknadssegment. Sandviks rörprodukter kunde enkelt delas in i två typer:

Standardprodukter
Stålsorter som motsvarar internationell standard. Sandviks konkurrenskraft handlade om hög produktkvalitet, utvecklad logistik samt en utbredd, professionell organisation med dotterbolag i åtskilliga länder.

Specialprodukter
Stålsorter (och högre legeringar) för speciella segment på marknaden. Många av stålsorterna/legeringarna hade utvecklats av Sandvik. Konkurrenskraften handlade om mycket avancerad produktutveckling och hög kunskap om marknadssegmenten.

Mitt ansvar handlade om specialprodukterna. Två av marknadssegmenten var Olja&Gas och Kärnkraft. Några speciella affärer inom dessa segment kommer jag att beskriva lite senare.

Ett par andra av marknadssegmenten var Kemisk och Petrokemisk Industri, Cellulosaindustri m.m. Det handlade mestadels om specifika tillämpningar inom dessa områden, ofta baserade på produkter utvecklade av Sandvik.

Ingen marknad

För det mesta resulterade utvecklingen av nya stålsorter att nya marknader öppnade sig. Det kunde vara en specifik tillämpning som man hade siktat mot från början. Det kunde också öppna upp nya tillämpningar när man väl fått klart för sig vilka egenskaper de nya stålsorterna hade och vad de kunde passa för.

Men inte alltid.

En av de mindre tekniskt begåvade dotterbolagscheferna berättade för mig att han hade deltagit i en konferens i Sandviken med alla dotterbolagschefer. Det var ingen liten samling människor.

Ett av inslagen var att dåvarande chefen för Stålforskningen redogjorde för ett nyutvecklat högtemperaturmaterial. Det var en vidareutveckling av ett material som länge hade använts för en specifik högtemperaturtillämpning.

Det nya materialet hade bättre egenskaper, kunde tåla högre temperaturer m.m. vilket stålforskningschefen stolt redogjorde för.

Vid slutet av föredraget ställde den tekniskt inte så begåvade dotterbolagschefen frågan: "Hur mycket har ni sålt?". Stålforskningschefen svarade oskyldigt och utan att rodna: "Ingenting. Det finns ingen marknad"!

IPG

Tillämpningarna av Sandviks utvecklade stålsorter fanns inom många länder. Erfarenheter från ett land kunde användas i andra länder. Det kunde också vara så att en t.ex. kemisk eller petrokemisk process var utvecklad i ett land, komponenter tillverkade i ett annat land och den slutliga användningen i ett tredje land. Det kunde finnas, för oss, viktiga personer i alla dessa länder.

För att samordna insatser och delge varandra erfarenheter bildades en grupp inom Sandvik som kallades IPG (International Projects Group). Gruppen bestod av personer från 15-20 länder i Europa, Nord- och Sydamerika, Australien, Japan, Sydkorea. Många av personerna hade gedigna kunskaper om de olika användningarna av Sandviks speciella stålprodukter (mest rör).

Hela gruppen träffades mestadels en gång om året.

Och däremellan hade deltagarna tät kontakt med varandra och med oss på Rörförsäljningen och Stålforskningen i Sandviken.

Bilden togs vid ett möte vi hade i Björnrike i svenska fjällen en senvinter när de vanliga skidturisterna inte längre var kvar på anläggningen och vi kunde husera där till ett bra eftersäsongspris. Men snö fanns fortfarande kvar. Det var kul att se deltagarna från England och Korea som aldrig förr hade stått på skidor.

Vildsint offshoreprojekt

En av IPG-medlemmarna var Gene från USA. Han hamnade under några år i London, i en villa i den förnämliga förorten Walton-on-Thames.

Min närmaste chef på Rörförsäljningen på den tiden var en person, J, från ett av Sandviks europeiska dotterbolag. Han var en friskus med många progressiva idéer, ofta bra men ibland lite väl vidlyftiga.

Han ordnade så att Gene placerades i London. Gene skulle försöka skapa Olja&Gasaffärer inom Nordsjöområdet.

Det hände då att ett företag lade ut en förfrågan på anbud för en offshoreplattform. Det var en processplattform där råolja från oljekällor skulle processas vidare. Det är ingen liten sak. Många komponenter, rörledningar, processenheter m.m. ingår. Den som skulle lämna anbud måste sy ihop avancerade delar från flera underleverantörer.

Min chef, J, uppmanade Gene att sätta ihop en offert. Samtidigt berättade J för dåvarande Stålledningen i Sandviken om denna stora förfrågan och tänkta offert. J var en vältalig och övertygande person som lyckades entusiasmera Stålledningen.

Att lämna en offert i Sandviks namn bedömdes inte alls trovärdigt. Det behövdes ett annat namn och helst brittiskt.

J tog med mig på ett möte med Sandviks bolagsjurist. Denne sökte i rullorna och hittade ett företag som var listat hos Sandviks brittiska dotterbolag, Sandvik UK. Företaget var sovande, d.v.s. bedrev ingen verksamhet då.

Bolagsjuristen ringde upp chefen för Sandvik UK: "Du har ett sovande bolag som heter Edmeston. Kan vi få låna det ett tag?" Det gick bra.

Gene skulle då sätta ihop en offert i Edmestons namn. Han var måttligt entusiastisk för att uttrycka det milt. Han insåg att det skulle vara att ta sig vatten över huvudet om det till äventyrs skulle bli affär.

Jag träffade honom vid ett tillfälle då den eventuella affären var på tapeten. Han hade haft kontakt med köparen av processplattformen och fått frågan om man kunde få besöka verksamheten Edmeston som Gene representerade. "Verksamheten" bestod av ett kontorsrum i villan som Gene hyrde i Walton-on-Thames. Gene sade också till mig: "Om det skulle bli en order har jag ingen aaaning om vad jag skall göra". Det blev ingen affär och det var väl tack-och-lov aldrig nära heller.

Inte långt efter slutade J hos Sandvik och gick till ett företag i en helt annan bransch. Vid det laget hade också Stålledningen börjat inse att den lockande affären var ett luftslott. Förtrollningen var bruten. J´s eftermäle blev då inte speciellt positivt.

Vad hände med företaget Edmeston som man hade fått låna av Sandvik UK? Det fick faktiskt fortsätta som en egen verksamhet inom dåvarande Sandvik Steel i Sandviken. Inriktningen var inte mot offshore utan mot en gren inom kemisk industri där Sandvik hade en speciell kompetens.

Om det mot förmodan hade blivit något av satsningen mot offshore hade man kunnat göra en lustig koppling till Gene. Han hette nämligen Eugene D. Montrone (EDMeston).

Flygande holländaren

Jag vill ge lite upprättelse till min chef, J, "från ett europeiskt dotterbolag". Titeln avslöjar nationaliteten, men det spelar nog ingen roll.

Slutet av min tid på Sandvik präglades bl.a. av bristande förståelse för den typ av affärsverksamhet jag jobbade med. Det beskriver jag längre fram. Den chef jag hade då skall absolut inte förväxlas med J. De var varandras motsatser. J må ha varit lite vidlyftig emellanåt men var en person som gillade att göra affärer, gillade kontakter med kunder och andra. Jag upplevde honom mestadels som intressant och spännande. Han var ofta på resande fot och ibland följde jag med.

Vid ett tillfälle bjöd J hem oss på middag. Det var vi som hade honom som närmaste chef, vi och våra s.k. respektive.
J och hans hustru hade fått en son ganska nyligen. De hade ett barn sedan tidigare.

Vid middagen kunde jag inte låta bli att läsa upp en limerick som jag hade totat ihop:

"En holländare på Roddargatan 5
kom sällan från utlandet hem
när hans barn fick en bror
hans förvåning var stor
kom han med storken eller med KLM"

Smaklös soppa

En av de tyngre IPG-medlemmarna var Steve från Australien.
Han var mycket kunnig i Sandviks stålsorter och deras
användning. Hans territorium var Sydostasien. I de olika
länderna där fanns många lokala agenter som hade mycket
starkt stöd av Steve. De såg upp till honom.

Steve berättade en gång att man hade haft en hel del problem
med rostfri svetstråd hos kunder. Steve kunde klara av många
problem själv men den här gången behövde man ännu mer
expertis. Man skickade en ung svetstrådsexpert från
Stålforskningen i Sandviken. Han reste runt med Steve på
tuffa kundbesök och fick konfronteras med problem och
missnöje. Efter några dagar var den unge (och oerfarne)
experten rätt så stukad.

En kväll vankades middag tillsammans med Steve och ett par
av de unga, ambitiösa lokala agenterna. En typisk
sydostasiatisk meny dukades upp. Många skålar med smårätter
och en skål med vatten framför var och en. Man äter ju
rätterna med fingrarna och sköljer händerna i vattnet.

Den unge som aldrig hade varit i Asien frågade vad det var i
skålen. "Det är soppan" svarade Steve. Den unge började ta
sig an den mycket tunna, smaklösa, "soppan" tills han insåg
vad det var.

Rätt brutalt mot en ung man som hade haft några riktigt tuffa
dagar.

Olja&Gas-affärer

Bakgrund

Oljeindustrin hade historiskt aldrig varit av något större intresse för Sandvik som tillverkare av rostfria och höglegerade stål. Olja i sig är inte alls korrosivt och konventionella kolstål har varit fullt tillräckliga för transport och behandling av oljan.

I takt med minskande tillgångar och önskan att minska beroendet av OPEC-länderna har man mer och mer börjat utvinna olja (och naturgas) under svårare förhållanden. Det kan vara höga halter vatten i oljan, vatten som ofta innehåller klorider och annat korrosivt. Det kan vara naturgas på mycket stora djup med höga tryck och med klorider och svavelväte. Det kan också vara offshoretillgångar i marin havsvattenmiljö.

Sakta men säkert har det blivit intressantare för mer "sofistikerade" material men branschen har varit väldigt konservativ. Man har valt andra sätt att hantera korrosionsförhållanden, t.ex. reningsanläggningar, kemiska inhibitorer eller att helt enkelt byta ut ledningssystem oftare.

Första stora olja&gasaffären

I Holland finns ett oljefält där oljan innehåller en stor mängd vatten och i vattnet finns det korrosiva element. När blandningen olja och vatten (mycket mer vatten än olja) kommer upp till markytan måste man avskilja vattnet från oljan. Man kan inte transportera olja-vattenblandningen speciellt långt p.g.a. korrosionsrisken. Därför måste man placera reningsanläggningar ganska nära oljekällorna där olja-vattnet kommer upp. Det blir många reningsanläggningar och därför ganska dyrt.

Sandvik hade utvecklat en typ av rostfritt stål som kombinerade bra korrosionsmotstånd med ganska hög hållfasthet, högre än för konventionella rostfria stål. Ett krux med ett sådant stål trots mycket bra egenskaper är att det är bortåt 10 gånger dyrare än de vanliga kolstålen. För oljebranschen hade det varit otänkbart att använda någonting så dyrt. Man har inte ens funderat på om det kunde vara motiverat någonstans.

NAM

Hos det holländska oljebolaget NAM fanns det emellertid en ansvarig person som tyckte att man kunde motivera det dyrare rostfria stålet. Genom att använda det behövde man inte många reningsanläggningar nära oljekällorna utan kunde transportera olja-vattenblandningen till en centralt belägen reningsanläggning. På det viset kunde man spara pengar. Dyrare stål men mycket lägre anläggningskostnad.

Det var ändå långt ifrån ett självklart beslut att använda rostfria rörledningar. Men beslutet togs tack vare den ansvarige persons övertygelse och mod.

Den ansvarige personen är ett typiskt exempel på en pionjär. I ett senare avsnitt utvecklar jag några tankar kring pionjärer.

För Sandviks vidkommande resulterade det i en riktigt stor order. Det handlade inte bara om rör.

Eftersom det var ett lednings-system krävdes också en hel del rördelar av många olika slag. Några av rördelarna tillverkades av Sandviks dåvarande fabrik i Bollnäs. Andra rördelar måste skaffas utanför Sandvik, bl.a. hos en fabrik i Örnsköldsvik. Eftersom det var många komponenter som tillverkades på olika håll blev det en komplicerad historia att hålla ihop allt.

Det fanns inte så mycket erfarenhet av att tillverka rördelar i den relativt nya stålsorten och det fanns viktiga leveranstider att klara av. Det fanns också kvalitetskrav som följdes upp av ett externt kvalitetsföretag. Dessutom tuff uppföljning från NAMs sida.

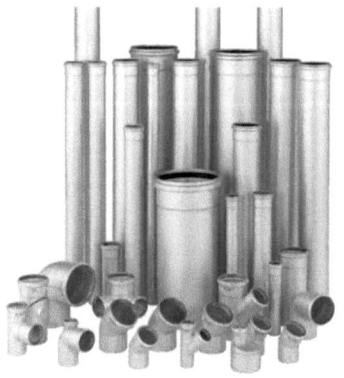

Mycket tid fick ägnas åt ordern, många krissituationer att hantera. Men till slut landade vi med fötterna ner.

Snöplig fortsättning

Inte nog med att den första holländska ordern var stor, NAM hade dessutom flaggat för ett ännu större framtida behov för det aktuella oljefältet. Men som det senare skulle visa sig stämde det inte och orsaken till att det inte stämde får tillskrivas en bristfällig kontakt mellan Sandviks holländska dotterbolag och NAM. Lite förenklat kan man förklara det med att kontakterna mellan NAM och Sandviks holländska dotterbolag fanns på tre nivåer:

NAM	Sandviks holländska dotterbolag
1 Högt uppsatt chef	Dotterbolagschefen, mr N.
2 Kommersiellt ansvarig	Stålchefen, mr S.
3 Handläggare	Säljare, mr A.

Efter den första, stora, ordern var det dags för en ny order. Med tanke på hur mycket som stod på spel tyckte vi att det var viktigt med stor uppställning.

Cheferna för NAM och Sandviks holländska dotterbolag (mr N) enades om ett möte.

Från Sandviks sida ställde vi upp med chefen för rördivisionen (M), produktionschefen på rördivisionen (L), samt jag som kommersiellt ansvarig. Från dotterbolagets sida, chefen (mr N) och stålchefen (mr S).

Vi tre från Sandviken åkte till mötet och sedan tillbaka samma dag. Att vi fick åka tidigt från Sandviken kan man förstå genom att vi tre var de allra första som passerade passkontrollen på Arlanda den dagen.

Vid mötet där NAM-chefen och den kommersiellt ansvarige på NAM deltog fick vi två stycken, mycket oväntade och negativa, besked:

1) Ordern vi skulle diskutera var redan placerad hos vår konkurrent! Det beslutet hade den kommersiellt ansvarige tagit tidigare och det visste inte hans chef när han och Sandviks dotterbolagschef enades om mötet.

2) Vi fick veta att uppgifterna om det stora framtida behovet inte var enbart framtida behov utan inkluderade även den stora order vi hade fått tidigare och som redan hade levererats. Det var inte alls lika mycket kvar som vi hade trott och dessutom hade det mesta av det som var kvar placerats hos vår konkurrent.

Hemresan till Sandviken blev inte munter!

Huvudorsaken till debaclet tillskrevs stålchefen på dotterbolaget (mr S). Han hade inte alls haft den kontakt med sin motpart hos NAM som han borde.
Dotterbolagschefen (mr N) sade senare om sin stålchef: "He is afraid of the big windows" (han är rädd för de stora fönstren). Har man besökt holländska företags kontor förstår man vad han menade. Kontorsbyggnaderna har ofta mycket stora fönster.
Stålchefen på dotterbolaget (mr S) försvann från Sandvik kort tid efter debaclet.

Dramatik och tragik

Chefen för Rördivisionen, M, var en vänlig och belevad engelsk gentleman. Innan divisionschefsjobbet hade han varit chef för ett av Sandviks dotterbolag i Asien. Han förstod och talade svenska mycket bra efter att ha tagit en konversationskurs i svenska på distans under sin tid i Asien.

Det ryktades att han hade stora problem i sitt äktenskap. De som kände honom sade att hans hustru behandlade honom illa. En person som kände M bra berättade att han hade frågat M varför han inte begärde skilsmässa. M hade svarat: "An English gentleman doesn´t divorce".

Det slutade mycket dramatiskt och tragiskt med att M dödade (strypte, tror jag) sin hustru. Han dömdes till sluten psykiatrisk vård. Efter en tid rymde han, stal en bil och tog sitt liv genom att köra in i en bergvägg.

Katt- och råttalek

Oljefältet som holländska NAM utvann olja ur sträckte sig även in i Tyskland. Där opererade oljebolaget Wintershall.

 De ville anamma samma filosofi som NAM, nämligen att det kunde vara lönsamt att använda rostfritt stål p.g.a. korrosionsproblemen med kolstål. Men nu handlade det om de rör som transporterar olja-vattenblandningen från oljekällorna upp till markytan, s.k. produktionsrör. Det innebar helt andra förutsättningar än för de rörledningar som transporterar oljeblandningen på marken.

Den viktigaste skillnaden för en rörtillverkare som Sandvik är att rören fogas samman med gängade kopplingar så som bilden på försöker visa.

 Rören är utvändigt gängade i ändarna och förenade med en invändigt gängad muff. När rostfria rör kommer ifråga handlar det om korrosiva förhållanden och ofta höga tryck.

Då måste kopplingarna vara absolut täta. Det måste också gå att skruva isär och skruva ihop rören utan alltför stora problem eftersom rören måste kunna tas upp ur källan en eller fler gånger.

På den tiden fanns det ett litet fåtal godkända varianter av den s.k. premiumkopplingen. I Europa egentligen bara en och den tillhörde en av våra allvarligaste konkurrenter, det franska företaget Vallourec. Hade vi frågat dem om tillstånd att tillverka kopplingarna hade vi fått nej.

Men nu fanns det ett företag, Hunting, i Great Yarmouth i England som hade licens att tillverka Vallourecs koppling. Men det var en s.k. reparationslicens. Det innebär att deras tillstånd handlade om rör som hade suttit i oljekällor i Nordsjön och behövde gängas om och sättas tillbaka i oljekällor.

Däremot hade man inte tillstånd att tillverka kopplingen på rör som för första gången skulle gängas. Den tillverkningen skötte Vallourec själva på rören innan de levererades till oljefälten.

Hunting i Great Yarmouth hade ju teknologin i alla fall. Nu var man beredd att se mellan fingrarna och förklarade sig beredda att gänga Sandviks rör som skulle till oljekällorna i Tyskland. Så långt var allt frid och fröjd även om det fanns en gnutta oro. Vi var väl halvt medvetna om att Hunting officiellt inte hade tillstånd att gänga våra rör men tänkte att det nog inte var så allvarligt eftersom de förklarade sig beredda och tog ansvaret.

Eftersom det var lite obanad terräng lät vi en av personerna på marknadssidan i Sandviken, K, tillbringa en hel del tid hos Hunting medan man gängade rören.

Som en parentes kan nämnas att ledningen hos Hunting var ett antal okonventionella, driftiga människor. En lördag medan K var hos företaget ordnade man en helikopter. I den färdades K och flera personer till Old Trafford i Manchester och såg en match med Manchester United. Speciellt uppskattat av K som var mycket fotbollsintresserad och även hade varit en framstående spelare själv.

Tillbaka till ämnet. När väl en första leverans hade gjorts bröt helvetet lös. Wintershall hade nämligen erfarit det som på engelska kallas "galling". När man testade att skruva ihop rör och koppling och sedan skruva isär visade det sig att det låste sig. Hunting hade all möjlig erfarenhet av att gänga kolstål men inte rostfritt. Man tvingades i all hast skicka några personer till oljefältet för att ta reda på mer.

Nu var det ju så att avtalet mellan Hunting och det franska företaget Vallourec inte tillät Hunting att gänga Sandvik-rören. Varken Hunting eller vi från Sandvik ville att sanningen skulle komma fram för då fanns risken att fransmännen skulle sätta stopp för alltihop. Därför måste personerna från Hunting dölja sin identitet. De tog flyget till Amsterdam och bil därifrån mot oljefältet i Tyskland. Vid tyska gränsen mötte ett par personer från Sandviks tyska dotterbolag upp med Sandvik-märkta overaller. Så personerna från Hunting uppträdde som Sandvik-anställda.

Det man tyckte orsakade problemet var gradbildning som uppstått vid gängningen. Sådant inträffade inte när man gängade kolstål. Nåväl, man bestämde sig för att prova blästring för att få bort graderna. Prov gjordes snabbt i England och K som var stationerad hos Hunting fick ta en blästrad koppling mer eller mindre under armen och flyga till Amsterdam. Där möttes han upp av en person från Sandviks tyska dotterbolag som körde honom till Wintershall och oljefältet.

Nu gick det bättre så beslutet blev att Hunting fick se till att blästra alla gängor.

Under tiden hade vår franske konkurrent Vallourec, som Hunting hade licensavtal med, börjat ana ugglor i mossen. Vi hörde att man hade trevare ute hos sina licenstagare för att ta reda på vem som hade gängat Sandvik-rören. Så småningom uppdagades vem som hade gängat och Hunting lär ha fått en rejäl reprimand.

Börshajarna

En något udda följd av affären med Wintershall.

Sandviks tyska dotterbolag hade p.g.a. den nyss beskrivna affären, men annars också, en god relation med oljebolaget Wintershall.

Vid ett tillfälle berättade någon från vårt tyska dotterbolag att man hade fått insiderinformation från Wintershall. Wintershall deltog i ett konsortium som hade planer på att exploatera ett oljefält i Mellanöstern. I konsortiet deltog även ett relativt litet företag som hette Gulfstream.
Gulfstream ägdes av Adolf Lundin. Det är Adolf som är upphovsmannen till Lundin Oil som när detta skrivs ägs av sonen Ian Lundin och som fått inte så positiv uppmärksamhet på sistone (och som har haft Carl Bildt i styrelsen).

Wintershall trodde att det fanns goda förutsättningar för att prospekteringen skulle gå bra. Eftersom Gulfstream var ett litet företag fanns det därför möjligheter till en ordentlig kursutveckling på aktien.

Gulfstream var då noterat på Torontobörsen till en kurs av ca 1:20 canadadollar.

Till saken hör att en av våra närmaste kollegor, Jerry, på Sandviks amerikanska dotterbolag hade en svåger som var börsmäklare i New York. Han kunde hjälpa till att köpa Gulfstreamaktier på Torontobörsen.

Efter samtalet från Wintershall spreds informationen snabbt. Inom den krets på Sandvik som sysslade med röraffärer vet jag att minst 5-6 personer nappade. Därutöver, säkert fler personer hos det tyska dotterbolaget.

På Handelsbanken i Sandviken väckte det säkert en viss förvåning när det under en och samma dag dök upp ett flertal personer som samtliga skulle föra över pengar till en viss person i New York, börsmäklaren.

Hur det gick? Inget hände, kursen gick snarare ned. Den låg strax under 1 canadadollar när jag sålde till slut. Jag hade inte satsat så mycket så förlusten blev inte så stor men jag vet att det fanns de som hade satsat betydligt mer, inte minst i Tyskland.

Samma skjorta

Wintershallaffären (katt- och råttalek) var inte det allra första tillfället rostfria Sandvik-rör sattes in i olje- eller naturgaskällor. Allra först var i en naturgaskälla i Louisiana, USA. Man hade satt några rostfria rör längst ner i en s.k. sträng av produktionsrör (d.v.s. de rör som tar upp oljan/naturgasen från källan till markytan).

Eftersom det var första gången rostfria rör användes i produktionsrör var det en viktig händelse. Därför var vår amerikanske representant Jerry på plats på riggen för att filma när rören sänktes ner i borrhålet.

Vid ett senare tillfälle skulle dokumentationen från tillfället visas upp i Sandviken. Flera personer var samlade, utöver flera "Sandvikare" även Jerry och hans chef Jim.

Jerry och Jim drog inte alltid jämnt. Den här gången var Jim uppenbarligen inte så nöjd med Jerrys klädsel. Han tyckte att Jerry var alltför ledigt klädd med rutig skjorta och ingen kavaj. Jim var mer uppklädd, kostym och cowboyboots.

När filmen visades på storbild kunde man i en sekvens se Jerry ute på borriggen. Han hade en rutig skjorta på sig, mycket lika den han hade på mötet nu. Då hörs Jim ropa med hög röst så alla hör: "Same shirt!".

Taktisk reträtt

En ovanlig affär inom oljebranschen gjorde vi med rör som sedermera kom att kallas navelsträngsrör.

Ett oljefält på norska sidan av Nordsjön skulle exploateras på ett nytt sätt. Istället för fler oljeplattformar inom ett oljefält skulle man ha en centralt placerad plattform som skulle vara ansluten till ett flertal oljekällor. I normala fall fanns ett s.k. "wellhead" (hittar inget svenskt ord) uppe på en plattform.

Med det nya sättet fanns "wellheads" på havsbotten ovanpå vart och ett av borrhålen. Oljekällorna förbands med plattformen genom flexibla rör som dels transporterade oljan från havsbotten till plattformen, dels ombesörjde regleringen av "wellheads". En tekniskt avancerad lösning som hade den stora fördelen med färre plattformar, där var och en var ansluten till fler oljekällor. Rören mellan wellheads och plattform var alltså de s.k. navelsträngsrören.

Från början löpte rören för reglering av wellheads utanpå rören för oljetransport. P.g.a. havsvattenmiljön måste de yttre rören vara i en saltvattenbeständig stålsort som Sandvik hade.

Det som var nytt och oprövat var att rören skulle vara svetsade ihop till mycket långa rör som skulle rullas upp på mycket stora spolar. Det var ett nytt sätt med mycket höga krav på kvalitet. Rören måste kunna rullas upp på spolarna och svetsningen som skulle förbinda rören måste vara perfekt. Inga defekter kunde tolereras.

Vi hade testat och kände oss säkra på att kunna klara en order.

Köpare av den första ordern var Elf Aquitaine Norway. Vi hade lämnat en offert och kallades till Stavanger för slutförhandling.

Det var många frågor av teknisk natur att klara av så vi ställde upp med en bred delegation, personer från Rörtillverkningen, Stålforskningen, Kvalitetsavdelningen samt jag från Rörförsäljningen.

Vid mötet träffade vi Elfs experter och gick igenom alla tekniska frågor. Vi var ganska självsäkra när vi kom dit och blev ännu säkrare under mötet. Intrycket vi fick var att ingen konkurrent var i närheten av den kvalitet på offert som vi hade lämnat. Det var uppenbart att vi skulle ro hem ordern.

Innan vi bröt upp kom chefen till våra diskussionspartners in, en holländare. Han satte sig inte ner utan sprätte omkring fram och tillbaka i rummet och sade att visserligen var vår offert bra men att vi var alldeles för dyra. Vi visste att han spelade ett spel. Vi visste att han inte hade något seriöst alternativ.

Trots att vi var säkra på att få ordern i slutänden bad vi att få dra oss undan en stund och diskutera. Vi bestämde oss ändå att lämna en liten rabatt på priset. Vår bedömning var att chefen skulle göra en slät figur inför sina underlydande om han inte fick ut något av sitt framträdande. Han skulle då kanske ställa till problem för oss förr eller senare.

Vi fick ordern och affären löpte mycket bra.

Så småningom flyttades också tillverkningen av "navelsträngsrören" till ett verk i Tjeckien som Sandvik hade köpt.

Konstruktionen har utvecklats under åren och så här ser ett tvärsnitt av navelsträngen ut numera. Flera av de mindre rören är Sandvik-rör.

Uppenbarligen har det gått bra efter den första affären. Jag läste nyligen att man till 2015 hade levererat 100 miljoner meter navelsträngsrör!

Fotnot: Erfarenheten från den här situationen har jag använt vid ett helt annat tillfälle. Jag gick en kurs som jag har beskrivit under "Stand-up" på sid. 41.

Vi hade ett rollspel. Jag spelade den holländske chefen som sprätte omkring. En tysk kursdeltagare fick spela min roll. Jag beskrev situationen så gott jag kunde. Tysken som spelade mig betedde sig inte alls som jag gjorde i den verkliga situationen. Han var styvnackad och ville inte alls släppa till något.

Då tyckte jag att han var schablonen av en korrekt, principfast, styvnackad tysk, som inte kunde visa någon flexibilitet.

Nu, långt senare är jag inte lika säker. Jag kanske hade kunnat agera på samma sätt som tysken utan några negativa konsekvenser alls.

Kärnkraftsaffärer

Bakgrund

I ett av mina sommarjobb bockade vi rör och jag har senare förstått att det förmodligen var ånggeneratorrör för kärnkraftverk. Föga kunde jag ana att jag skulle bli starkt involverad i affärer med ånggeneratorrör 25 år senare. Det finns olika typer av kärnkraftverk.

Ånggeneratorer är något som finns i en av typerna, nämligen tryckvattenreaktorer (PWR).

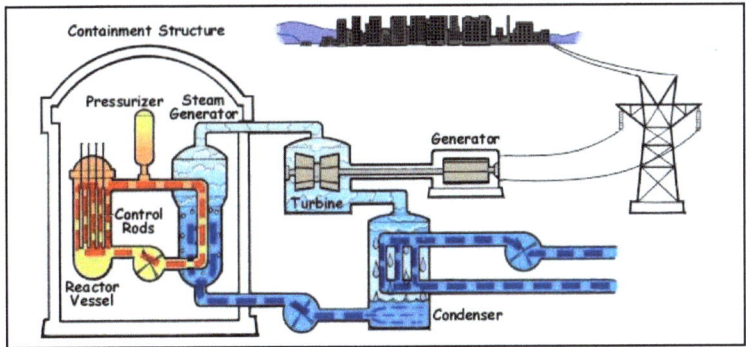

Bilden visar principen. Ånggeneratorn (steam generator) sitter längst till höger i reaktortanken. Det heta processvattnet från reaktortanken passerar igenom rören i ånggeneratorn som är omgivna av vatten.

Vattnet värms upp till ånga genom det heta processvattnet. Ångan driver sedan de turbiner som genererar elkraft.

Ånggeneratorn ställer mycket höga krav på de rör som ingår. Det skall vara en legering som tål de tuffa driftförhållandena. Rören måste vara absolut felfria och testas därför mycket ingående. Ånggeneratorn är som ett paket där varje rör är som en egen individ. Kraven på dimensioner efter bockning är mycket höga så att man skall kunna bygga ihop ånggeneratorn.

Så här ser rörpaketet i ånggeneratorn ut.

Det fanns bara tre företag i världen som hade kunnande att tillverka ånggeneratorrör. Utöver Sandvik, det franska företaget Vallourec och det japanska Sumitomo.

Vallourec var för övrigt samma företag som hade den rörkoppling som vi på omvägar och inte helt enligt regelboken fick tillgång till för oljeröraffären med Wintershall. Det har jag beskrivit tidigare (s.54).

I de fall med ånggeneratorrör jag var inblandad i var japanska Sumitomo aldrig en konkurrent. Det sades bero på att Japan inte hade skrivit på det s.k. icke-spridningsavtalet. I vilket fall som helst var de inte inbjudna i de aktuella affärerna. Återstod alltså vi och Vallourec.

Magiskt telefonsamtal

Eftersom vi i praktiken endast var två leverantörer fanns det ingen anledning att vi skulle banka livet ur varandra. Ifall vi skulle få för oss att till varje pris hämta hem en order skulle fransmännen antagligen ge igen med samma mynt nästa gång. Därför såg vi till att ha en vettig relation.

Vid ett tillfälle var flera av oss, med divisionschefen i täten, inbjudna till Vallourec i Frankrike. Ett vänskapligt möte men vi fick vara på vår vakt. Fransmännen fick för sig att vi skulle dela upp våra resp. delegationer och ha parallella möten. Ganska snart kunde vi märka att fransmännen började ställa liknande frågor till oss i båda mötena. Vi misstänkte att man ville pumpa oss på information för att se hur mycket vi visste och om vi hade en klar linje eller inte. Vi hann varna varandra och blev då väldigt försiktiga med vad vi sade.

På en mer operativ nivå hade vi några möten med våra motsvarigheter hos Vallourec. När vi träffades på det viset var vi två personer från båda företagen. Fransmännen lärde vi känna ganska väl som trevliga personer. Mina vapendragare avlöste varandra. Den förste, J, flyttadeså småningom till ett av Sandviks dotterbolag utomlands. Han följdes av S som hann träffa fransmännen ett par gånger innan han lämnade Sandvik och flyttade till Norge. S efterträddes av M.

En tid efter att S hade flyttat till Norge och ersatts av M ville fransmännen ha ett möte. Det var en affär med amerikanska  Westinghouse som var på tapeten. Fransmännen hade börjat bli sura på oss. Vi hade nämligen varit lyckosamma och tagit några order och de hade blivit utan. En order är ingen liten sak, kunde vara värd omkring 50 miljoner kronor. Den här gången tyckte fransmännen att det var deras tur. Vi skulle se till att inte prissätta alltför aggressivt och med tanke på hur det hade gått de senaste gångerna kunde vi inte protestera.

När vi skulle träffas nästa gång föreslogs att vi skulle ha mötet i Oslo. Då skulle fransmännen kunna ta farväl av S, som hade varit min vapendragare innan han flyttade till Norge. Det skulle också bli första gången S´ efterträdare M deltog. Vid den tidpunkten hade vi och Vallourec lämnat offert till Westinghouse men ingen order hade placerats ännu.

Till saken hör att Westinghouse hade sitt inköp i Pittsburgh, Pennsylvania. Fabriken där man tillverkade ånggeneratorerna låg i Pensacola, Florida. Det hade en viss betydelse.

När vi åkte till Oslo fick vi veta att S, som vi skulle träffa, hade blivit sjuk och var inlagd på Rikshospitalet. Vi skulle äta middag med fransmännen på kvällen men S kunde av förståeliga skäl inte följa med men vi hälsade på honom på sjukhuset.

Under middagen pratade vi och fransmännen om den kommande affären med Westinghouse. Fransmännen kände sig ganska säkra på att det var deras tur och hade nog även fått vissa indikationer från Westinghouse´ inköpschef i Pittsburgh.

Efter middagen gjorde vi sällskap till hotellet. Vi stod i hotellkorridoren där vi hade våra rum och samtalade lite innan vi tog farväl för kvällen. Då hörde vi att telefonen ringde på M´s rum så vi skyndade oss att säga god natt till fransmännen och M hastade sig in för att svara i telefonen. Det var Westinghouse´ ansvarige person vid fabriken i Pensacola. Han meddelade att vi hade fått ordern!

Vi åt frukost morgonen efter tillsammans med fransmännen. Självklart berättade vi inget om vad som hade hänt och de visste inget heller.

Bara någon dag senare blev vi kontaktade av fransmännens chef som krävde ett möte på Arlanda för att vi skulle förklara oss. Han flög upp från Paris och vi bilade från Sandviken. Han var av förståeliga skäl irriterad. Vi fick försäkra att vi inte hade offererat något lågt pris men att det kunde vara lite svårt att jämföra p.g.a. valutakurser mellan USA-dollar, franska franc och svenska kronor. Vi kunde ju heller inte veta att det i slutänden var Pensacola-fabriken som bestämde, inte inköpet i Pittsburgh.

I den här typen av affärer är det långtifrån säkert att priset är avgörande. Andra faktorer är viktigare. Hade Westinghouse´ inköp i Pittsburgh fått bestämma hade nog priset varit viktigt.

I Pittsburgh hade vi inte en starkare position än vad fransmännen hade, snarare tvärtom. Hos fabriken i Pensacola var det annorlunda. Vi hade tidigare skött oss bra och hade mycket gott anseende. M hade också sedan tidigare en god kontakt med ledningen där.

Indien och Hasselblad

En annan affär på ånggeneratorrör med speciella omständigheter var i Indien med företaget Nuclear Power Corporation (NPC).

 Av möjliga konkurrenter var japanska Sumitomo även den här gången helt ute ur bilden. Inte ens franska Vallourec bedömdes vara en seriös konkurrent i det fallet. Vi hade ett klart försteg och såg det som en ganska given affär.

För att förstå det speciella i situationen måste jag ge lite bakgrundsfakta.
Tillverkning av konventionella rör kan i allmänhet göras i olika linjer. Om det är hög beläggning i t.ex. ett valsverk kan det finnas alternativ som man kan använda. Med ånggeneratorrör är det annorlunda. De sista stegen i tillverkningen, valsning, avancerad provning, kvalitetskontroll, bockning m.m. sker i en följd i en byggnad. En order belägger fabriken en viss tid. En annan order kan inte tillverkas parallellt. Den får vänta på sin tur.

Några år innan den aktuella affären som jag skall beskriva hade Sandvik haft en likartad order för samma företag i Indien. Vid den tidpunkten var det glest med order på ånggeneratorrör och beläggningen därför låg i rörverket. För att överhuvudtaget få någon beläggning och i alla fall en viss täckning av fasta kostnader togs en order till mycket lågt pris.

Nu, några år senare var situationen en annan. Det var bättre beläggning och inte lika viktigt att ro hem en order till vilket pris som helst. Det kunde dock skapas en lucka i tillverkningen som skulle passa bra för en ny order från Indien. Om en sådan order skulle dröja alltför länge fanns det emellertid order från andra håll som skulle belägga verket. Vi trodde oss också veta att en fördröjning skulle påverka Indiens investeringar i deras kärnkraftsprogram.

Vi hade alla trumf på hand, trodde vi. Därför hade vi ökat på priset en hel del jämfört med affären några år tidigare. Vi var några stycken som åkte till Bombay för att slutförhandla. I Bombay representerades vi, inte av ett dotterbolag, men av en agent, som vi kände bra, hade förtroende för och som fungerade så lika ett dotterbolag som det var möjligt.

Vi träffades i ett konferensrum som var trångt och varmt. Vi var fyra personer och motparten var minst dubbelt så många. En affär av den typen innehåller många delar, långt ifrån bara ekonomi. Specifikationer, kvalitetskontroller, andra tekniska detaljer m.m. Men vi kunde ganska snart förstå att de inte hade något klart alternativ. De borde dessutom känna en viss tidspress. Men något avslut blev det ändå inte. Vi satt i konferensrummet dag efter dag och det blev mer och mer frustrerande.

Det var ansträngande också på grund av resorna till och från NPC. Vi bodde på ett hotell långt ifrån NPC. Varje morgon fick vi i en varm bil saxa oss igenom stan där det inte var bara fordon på gatorna utan även gående, cyklande människor och kor. Samma jobbiga bilfärd tillbaka till hotellet på eftermiddagarna.

Efter flera dagars förhandling utan några framsteg blev vi kontaktade av en högre chef hos NPC. Han ville träffa oss över en middag. Den här personen var väl bekant med vår indiske representant, hade varit inblandad i affärer tidigare men inte den här gången.

Han berättade rakt på sak att de personer vi träffade helt enkelt inte hade mandat att ge oss en order på våra villkor. Det hade ingen betydelse att de just då inte hade någon alternativ leverantör att ta till och att de hade tidspress också. Vi hade ökat på priset för mycket och de vi förhandlade med hade helt enkelt inget mandat att träffa avtal. Alla andra faktorer saknade betydelse. Ville vi ha en order fick vi lov att sänka priset. Vi var i den situationen att vi inte var beredda att riskera något så vi fick helt enkelt krypa till korset. Vi sänkte priset, dock inte ända ner till den tidigare nivån. Efter det gick det snabbt att avsluta och enas.

Vi svenskar är vana vid att för det mesta ha ett ganska fritt mandat att agera i affärssituationer. På många andra håll är det inte så. Ett klart uttryckt mandat från högre ledning får man under inga omständigheter tumma på. En sanning som jag har träffat på i andra sammanhang också.

Den tydliga signal som vi fick från den högre chefen var något som förvånade oss en hel del. Det var väldigt ovanligt i en sådan kultur. Vi fick emellertid veta, dels att chefen och vår representant kände varandra väl, dels att chefen kanske kände en viss tacksamhetsskuld. Vår representant hade nämligen en gång hjälpt chefen att skaffa en Hasselbladkamera!

Så kan det också gå till i affärer!

Kvalitetsfrågor

Kvalitet och kvalitetssäkring har med tiden blivit allt viktigare för Sandvik och andra industriföretag. Själv fick jag handgriplig kontakt med kvalitet när jag sommarjobbade, vattentrycksprovning en sommar, ultraljudprovning en annan sommar.

Den typen av provning sorterade organisatoriskt under produktionen och det var länge ganska naturligt.

Med tiden har det emellertid ställts krav på att kvalitetssäkring inte får tillhöra produktionen utan måste ha en egen oberoende plats i organisationen. Så blev det till slut.

Till en början upplevde nog många i produktionen personer från kvalitetsorganisationen som störande inslag. Efterhand har det emellertid kommit att bli alltmer naturligt. För ett företag som Sandvik med högt utvecklade produkter är det speciellt viktigt med väl fungerande kvalitetsstyrning. Det är också en konkurrensfaktor.

Rör för kärnkraft är en speciellt viktig kategori när det gäller kvalitetssäkring. Det har med tiden börjat ställas krav på s.k. spårbarhet. Inte nog med att man skulle uppfylla kvalitetskraven på färdiga produkter. Man skulle också kunna påvisa hur produkterna var tillverkade, vilka de olika stegen i tillverkningen var.

Det om något väckte protester från ansvariga i produktionen. "Hur vi tillverkar är vår ensak, huvudsaken är att vi kan visa att den färdiga produkten håller rätt kvalitet". "Nej", tyckte kunderna, "det kan uppstå fel i alla fall och då kan spårbarhet hjälpa till att identifiera var i produktionen felet kan ha uppstått".

En av kunderna som ställde sådana krav var Westinghouse Efter att vi hade fått ordern som jag har berättat om fick vi besök av inköpschefen hos Westinghouse i Pittsburgh. Han var måttligt imponerad av Sandviks inställning till kvalitetskraven. Han höll bl.a. ett allvarligt anförande inför många i produktionen och kvalitetsorganisationen.

För några av oss berättade han, halvt på skämt, halvt på allvar, att han hade tänkt ta med sig små röda klisterlappar som vi skulle sätta på skorna. Lapparna skulle se ut som blod. De skulle symbolisera att vi visserligen försökte men att vi sköt oss i foten.

Jag vill betona att han inte var representativ. Vi var väldigt långt framme i kvalitetshänseende.

Inköpschefen var inte en av Sandviks största supportrar. Hade han fått bestämma hade nog ordern hamnat hos fransmännen.

Pionjärer

I näringslivet och livet i övrigt också finns det personer (de flesta) som inte gärna ger sig ut på okänd mark. Man vill gärna känna en viss grad av säkerhet innan man tar ett beslut. Det är inget konstigt alls med det. Men det finns också andra människor, som jag här kallar *pionjärer*, som gärna vill vara först och som är mer beredda att ge sig ut i det okända.

För ett företag som Sandvik som ligger i framkanten när det gäller utveckling av nya produkter är det viktigt att hitta pionjärerna hos kundföretagen. Det är inte lätt men värdefullt när man lyckas.

NAM-affären

När det gäller rörledningssystemen för NAM, som jag har beskrivit tidigare, fanns det en pionjär inom NAMs organisation. Han var tillräckligt modig och övertygad om att det betydligt dyrare rostfria materialet skulle vara ett bättre alternativ än den konventionella lösningen med det billigare kolstålet och andra sätt att klara korrosionen. Han var tillräckligt modig och övertygad om att det var rätt beslut. Han fick dessutom positiv uppmärksamhet för sitt framsynta och modiga beslut.

Motsatt exempel

Ett motsatt fall upplevde jag vid möte med en ansvarig person på ett raffinaderi i Kalifornien, USA.

Sandvik hade ganska länge levererat en speciell, s.k. ferrit-austenitisk stålsort till en viss komponent i raffinaderier. Stålsorten var idealisk för tillämpningen och fungerade bra nästan jämt. Men förhållandena kunde variera från fall till fall beroende på olika faktorer t.ex. hur mycket föroreningar som fanns i råoljan. Därför var stålsorten på gränsen och kunde i undantagsfall inte fungera helt perfekt. Men den hade funnits med ett tag och det fanns en skapligt gedigen referenslista som visade var den användes.

Med tiden hade Sandvik utvecklat en ny stålsort. Den tillhörde samma familj av legeringar, var ganska lika den tidigare stålsorten men hade legerats upp något och hade helt enkelt blivit bättre. Alla testresultat och erfarenheter visade det klart och tydligt.

Jag och min kollega M från Stålforskningen besökte raffinaderiet och träffade den ansvarige ingenjören. Att man skulle köpa från Sandvik var vi rätt så säkra på, nu gällde det bara att visa på den förbättrade stålsorten. Enkelt, trodde vi.

Vi förklarade utvecklingen och visade alla testdata som entydigt visade förbättrade egenskaper. Den ansvarige ingenjören höll med och ifrågasatte inget av det vi visade.

Men han ville inte köpa den nya, bättre, stålsorten. Han ville ha den gamla etablerade.

Hans resonemang var så här. Jag tror på vad ni säger att den nya stålsorten är bättre. Men tänk om jag köper den och det ändå av någon anledning inte skulle fungera bra. Då skulle jag få problem. Mina chefer skulle ifrågasätta varför jag har köpt något nytt utan referenser när det finns en referenslista som visar flera fall där den äldre stålsorten har använts.

Något senare stötte vi på en annan ansvarig person i ett annat raffinaderi. Han var mer av en pionjär och valde den nyare, utvecklade stålsorten.

Matavfall i Sverige

Här berättar jag om ett exempel som jag har kommit i kontakt med långt efter Sandvik-tiden. Exemplet hör tidsmässigt inte hemma på den här platsen i min berättelse men eftersom det är ett typexempel på betydelsen av en pionjär nämner jag det ändå här. (Avsnitt om matavfallskvarnar finns annars på sid.156).

Det har spritts en uppfattning att matavfall skulle ställa till problem i avloppssystemet. Det ledde till att det blev nästintill förbjudet, i alla fall stort motstånd mot matavfallskvarnar i Sverige.

I en kommun, Surahammar, var man skeptisk till farhågorna. Den ansvarige personen i kommunen såg till att matavfalls-kvarnar infördes efterhand, bl.a. genom att hushållen fick en liten subvention. Det är många år sedan och har resulterat i att flertalet hushåll har avfallskvarn. Erfarenheterna är odelat positiva.

Under årens lopp har personer från många av Sveriges kommuner vallfärdat till Surahammar för att ta del av erfarenheten. Den ansvarige personen har fått rättmätig uppmärksamhet.

Sakta men säkert har kommun efter kommun lättat på restriktionerna efter de positiva erfarenheterna i Surahammar. T.ex. har Stockholm för ett tiotal år sedan bestämt att tillåta matavfallskvarnar i hela huvudkommunen.

Udda situationer utomlands

Det kan tyckas underligt att avsnitten här är länder som USA, Tyskland, Japan och England men också städer som Baku och Moskva. Men betoningen är på udda händelser och då blir den här uppdelningen mer logisk.

USA

Fulaste platsen

Jag har beskrivit affären på ånggeneratorrör med Westinghouse, då beslutet om order togs, inte av inköpschefen i Pittsburgh, Pennsylvania, utan av fabrikschefen i *Pensacola*, Florida.

Vid ett tillfälle besökte jag Pensacola-fabriken tillsammans med J från försäljningsorganisationen i Sandviken, samme J som flyttade till ett av Sandviks dotterbolag utomlands. Vi hade med oss en LP-skiva som present. Det var en skiva med bandet *Pensacola* Lighthouse Orchestra. Det var en uppskattad present.

J kände några av bandmedlemmarna som hade sina rötter i Sandviken. För mig berättade J att bandmedlemmarna hade varit på en resa i USA innan man bildade bandet. När man skulle hitta på ett namn på bandet ställde någon en fråga om vilken som var den fulaste platsen man varit på under sin resa. Man enades om att det var Pensacola. Därav namnet på bandet.

Den historien berättade vi inte för våra värdar!

Las Vegas

Ett år hölls SPE-konferensen (SPE = Society of Petroleum Engineers) i Las Vegas. Sandviks amerikanska dotterbolag,

Sandvik Inc, deltog med en utställningsmonter. Från Sverige deltog jag och kollega M.

SPE bedömdes vara en viktig sammanslutning med tanke på Sandviks satsning på olja&gasbranschen. Flera av våra viktigaste kontakter var medlemmar i SPE så det fanns säkert anledning att vara med.

Vid det laget hade vi fått några väldigt fina kontakter med Shell (Shell Oil och Shell Development). De hade bl.a. hälsat på oss i Sandviken. Några av dem fanns på plats i Las Vegas. De tog oss med på en show på Caesars Palace. Vi skulle se en amerikansk komiker som vi aldrig hade hört talas om. Måttligt intressant, tyckte vi. Amerikansk humor och en för oss okänd komiker.

Det visade sig faktiskt vara mycket bra. Vi fick då veta att många av de bästa amerikanska artisterna uppträder i Las Vegas och andra ställen men inte på TV. De behöver inte det. Därför känner vi svenskar inte heller till dem.

Inspirerade av upplevelsen skaffade M och jag biljetter till en show på Caesars Palace ett par dagar senare. Det var Diana Ross. Inte dåligt det heller.

Hotellet vi bodde på var Hilton. På en stor ljusskylt ovanför entrén stod med amerikansk blygsamhet "The Worlds Friendliest Hotel" (Världens Vänligaste Hotell)!

En jättelobby fylld av enarmade banditer och andra spel. Värdinnor gick omkring med drinkar. Ibland rasslade det till när någon hade dragit en storvinst. Då var värdinnan snabbt framme och bjöd på gratisdrink. Det gällde ju att få vinnaren att fortsätta spela. Det sades också att storspelarna fick gratisflyg till och från Las Vegas, kanske gratis hotellrum också. Att speldjävulen dominerade Las Vegas är ingen överdrift.

På TVn i hotellrummet fanns en kanal som ständigt visade alla spel och hur de gick till. Lite indoktrinerad blev jag. Det fanns

73

ett tärningsspel som man kan se i gamla Västernfilmer, som heter Craps. Jag tyckte att jag lärde mig det och förstod att det skulle finnas en skaplig chans en vinna lite pengar utan någon större risk. Stursk knallade jag ner till lobbyn och ett av borden. Jag såg direkt att det gick alldeles för snabbt och det var bara att loma tillbaka.

Vid ett tillfälle såg jag på TVn då man visade en brandutryckning. Jag tyckte platsen verkade bekant. Öppnade fönstret och tittade ut. Jodå, ca 50-100 meter längre bort längs långsidan fanns brandbilen mitt i en utryckning. Ingen som helst varning hade hörts.

Sandvik Inc ställde upp på mässan med bred representation med styrelseordföranden i spetsen. Mitt bestående minne av honom är att han gärna, och ofta, berättade att han hade varit involverad i Manhattan-projektet. Tröttsamt blev det. Det kanske inte är så känt längre men Manhattan-projektet är det hemliga projekt som resulterade i atombomberna som fälldes i Hiroshima och Nagasaki. Vilken roll Sandvik Incs ordförande hade i projektet vet jag inte. Men han var långtifrån ensam. Som mest var drygt 130.000 personer anställda!

Poundage

När man kommer från en stålverksamhet som Sandviks brukar man använda ordet tonnage (samma stavning på svenska och engelska) när man talar om förbrukning av produkter. Ordet "poundage" förekommer inte (ett pound = ca ½ kilo).

En av de produkter jag jobbade med när jag var på Stålforskningen var rostfri fjädertråd. En fjädertråd måste ha hög hållfasthet för att fjädern skall kunna fungera som en fjäder. Hållfastheten åstadkommer man genom kallbearbetning, dragning genom en dragskiva. Om hållfastheten blir alltför hög blir tråden inte tillräckligt formbar (eller i värsta fall spröd). En balansgång.

I samarbete med ett amerikanskt företag hade man utvecklat en metod med en kombination av bearbetningar och värmebehandlingar (anlöpning) som gjorde att man kunde åstadkomma ännu högre hållfasthet utan att formbarheten minskade alltför mycket.

För fjädrar dög det inte men för en del andra produkter.

Rotkanalfilar används av tandläkare vid rotfyllning. En rotkanalfil är en tunn, spetsig tingest som förs ner i rotkanalen för att rensa innan rotkanalen fylls. Filen måste vara tillräckligt styv för att kunna arbeta i rotkanalen men också tillräckligt böjlig. En svår kombination. Det händer emellanåt att en rotkanalfil går av inne i tandroten. Då krävs ett ofta besvärligt ingrepp för att avlägsna den.

Den nyutvecklade Sandviktråden hade just den kombination av hållfasthet och böjbarhet som behövdes.

Världens ledande tillverkare av rotkanalfilar fanns i Los Angeles. Jag besökte dem en gång tillsammans med en av Sandviks USA-säljare. Sandvikmaterialet visade sig vara mycket intressant för företaget.

Vår kontaktperson på företaget använde ordet "poundage" när han talade om förbrukning. Inte särskilt uppmuntrande för en ståltillverkare.
Kanske inte så förvånande ändå när man tänker efter. Visst finns det många tänder i världen men väldigt få av dem rotfylls och en rotkanalfil är en väldigt liten tingest.

Ingen storförbrukning alltså men en kul och värdefull referens.

Större tyngd och volym

I samband med besöket bodde jag i Los Angeles under helgen. På söndagen fick jag möjlighet att gå på en match i amerikansk fotboll. Los Angeles Rams mot Tampa Bay Buccaneers.

Det råkade sig så att spelarna från Tampa Bay bodde på samma hotell som jag. På lördagen såg jag dem gående med pärmar under armarna. De skulle nog gå igenom spelstrategier.

Spelarna i amerikansk fotboll är stora och biffiga men de har ju mycket skyddande utrustning också.
Men jag kan lova att de är stora och biffiga utan skydd också!

Fotnot, endast för nördar:

När jag skriver det här har Tampa Bay Buccaneers vunnit Super Bowl, det största man kan vinna inom amerikansk fotboll.

När jag såg dem mot Los Angeles Rams spelade de sin andra säsong i ligan, NFL. Fortfarande ingen vinst på ca en och en halv säsong, ett drygt 20-tal matcher.

Episoder med hyrbilar

M och jag hade en helgdag ledig en gång när vi var i Los Angeles. Vi hyrde en bil och åkte till Disneyland. Det var tidigt på dagen. Vi kom fram strax efter att de hade öppnat på morgonen. Det var väldigt få bilar på en enorm parkerings-plats. Vi tänkte inte speciellt på det utan lämnade bilen och gick in.

När vi klara och skulle åka därifrån var det fullt med bilar på parkeringsplatsen. Det finns stolpar med bokstäver och siffror på parkeringsplatsen, en slags koordinatsystem, så att man lätt skall kunna hitta sin bil. Men det hade inte vi tänkt på. Till råga på allt hade vi ju dessutom en hyrbil och kunde inte riktigt komma ihåg hur den såg ut. Registreringsnumret kunde vi inte heller men det fanns på en bricka på bilnyckeln.

Vi fick leta väldigt länge rad upp och rad ner innan vi till sist hittade bilen!

Vid ett annat tillfälle var jag, M och B från Sandviken, samt vår amerikanske kollega Jerry i San Francisco-trakten för kundbesök. Vi hade en helgdag ledigt och skulle åka och besöka vingårdar. Två av de bästa vinområdena i USA finns inte så långt ifrån San Francisco. Det är Napa Valley och Sonoma Valley, två dalgångar som löper parallellt med varandra och med en otillgänglig bergskedja emellan dem.

Det här var 30:e april. Jag hade fått ett foto hemifrån Älgstigen i Sandviken. Där hade det kommit en hel del snö under natten! Hos oss var det varmt och behagligt när vi lämnade San Francisco på morgonen. Lite dåligt samvete hade jag.

Färden gick först mot Napa Valley. Där besökte vi ett par vingårdar innan vi bestämde oss för att åka över bergskedjan till Sonoma Valley så att vi skulle hinna besöka några vingårdar där också innan de skulle stänga för dagen.

För säkerhets skull hade vi köpt en flaska vin för färden. Flaskan ställdes i en hink med is i bilens baklucka.

När vi var uppe i obygden ungefär mitt emellan Napa Valley och Sonoma Valley gjorde vi rast. Bakluckan öppnades. Där hade hinken ramlat omkull och isbitarna låg huller om buller på golvet. Med gemensamma krafter plockade vi upp isbitarna och reste upp hinken. Bakluckan stängdes. Men var fanns bilnyckeln? Jo, det kröp fram att den av oss som hade bilnyckeln hade lagt den på golvet i bakluckan medan han plockade ihop is.

Nu hade vår amerikanske kollega Jerry hyrt en rejält byggd bil. Det fanns ingen möjlighet att öppna bakluckan. Någon sade att det brukar gå att komma in i en baklucka från baksätet i bilen. Men inte i den här bilen. Den var solidare än så.

Vi behövde få hjälp från biluthyrningsfirman men något telefonnummer hade vi inte och inga mobiltelefoner heller (det här var före den tid var och varannan hade mobiltelefon). Jerry ställde sig att lifta. Så småningom kom en bil som förde honom tillbaka mot Napa Valley.

Flera timmars väntan vidtog. Det fanns absolut inget vettigt för oss andra att göra där i obygden.

Sent omsider kom en gammal pick-up truck glidande. Den kördes av en ung man. Bredvid honom satt en flicka, förmodligen hans flickvän. I framsätet hade också Jerry trängt in sig. Han var betydligt gladare än vi andra. Han hade suttit i en bar i vindistriktet Napa Valley och druckit öl och försökt ringa biluthyrningsfirman. Det gick inte men han fick tag på den unge killen som visade sig vara låssmed. Det tog killen inte många minuter att tjuvkoppla bilen och kunna öppna bakluckan.

När vi till slut kom iväg var klockan mycket och vingårdarna i Napa Valley hade stängt.

För mycket kontanter

En gång för länge sedan var jag på kundbesök i USA tillsammans med S från Sandviks Stålforskning. Att det var länge sedan kan man nog ana när jag nämner att S inte hade skaffat kreditkort utan förde med sig kontanter för alla utgifter inkl. hotellräkningar.

Vi bodde på ett hotell i norra delen av Dallas. Det många kanske har svårt att tro var att alkoholförsäljning inte var tillåten på offentliga ställen som restauranger, barer etc.

Vårt hotell hade en bar i källarvåningen. Den fungerade som en klubb och kunde därför servera alkoholhaltiga drycker. Som hotellgäst kunde man teckna ett medlemskap och därigenom få tillgång till baren. Det kunde jag men inte S. Han hade en massa kontakter men inget kreditkort och ansågs därför inte kreditvärdig!

Det var som sagt länge sedan. Det kan man förstå av att S berättade att han hade hört talas om en TV-serie som blivit populär i USA. Den hette: "Ewings of Dallas". Jag hade aldrig hört talas om den.

Baku

Det kan verka udda att ha en rubrik som heter Baku. Udda är väl det ord som beskriver anledningen bäst. Det finns ett antal speciella historier därifrån som gör att Baku har fått ett eget avsnitt. Baku är i alla fall ett centrum för utvinning av olja och Sandvik deltog i en utställning där. Temat var olja&gas och jag var en av deltagarna från Sandvik.

Skakig ankomst

Jag anlände till Baku någon dag efter att utställningen hade öppnat. Andra deltagare från Sandvik hade anlänt tidigare.

När jag anlände var jag alltså ensam från Sandvik. Flygplatsen var inte en av de modernare, milt uttryckt. Utanför ankomsthallen var det mörkt. Man kunde skymta ett antal gestalter stående här och där. En av dem nalkades mig. Det visade sig vara en taxichaufför. Själv visste jag inget annat än namnet på mitt hotell och det lyckades jag förmedla. När vi skulle åka kom det ytterligare en person fram. Det visade sig att han ville dela taxi. På något sätt kunde han eller taxi-chauffören förklara att personen skulle till en adress mellan flygplatsen och hotellet och kunde därför bli avsläppt på vägen. Det kändes inte helt avspänt men jag tyckte inte att jag hade något val.

Efter en tid svängde vi av från huvudvägen. Vi kom in på något smalt, stenigt och gropigt som jag inte skulle kalla väg.

Vi skumpade fram och kom efter en stund fram till något som i mörkret såg ut som en samling hus. Någon gatubelysning fanns inte. Min medpassagerare verkade inte vara säker på adressen så vi åkte gata upp och gata ner. Gatorna var smala passager mellan husen. Utrymmet var inte mycket bredare än bilen. Husen kunde knappt skönjas i mörkret. På några få ställen fanns lite belysning. Det var där män satt på trappan och rökte och belysningen kom inifrån huset genom dörren som stod på glänt.

Sent omsider hittade vi i alla fall adressen där min medpassagerare klev av. Lättad kunde jag åka vidare till hotellet.

Där visade det sig att det var brist på rum. Till slut fick jag dela rum med en Sandvik-kollega från Rock Tools. Han var vid det laget luttrad men hade ändå bytt upp sig. Natten innan hade han inte haft något rum alls. Han fick sova i en korridor!

Dagen efter letade vi upp någon som verkade ha lite att säga till om på hotellet. Vi hade fått lära oss att man alltid skall ha lite småpresenter i fickorna när man är i Sovjetunionen. Det var småsaker från Sandviks presentförråd som nyckelringar och nålar med Sandvik-logga. Det kunde också vara cigarrettändare och, i värsta fall, något cigarrettpaket. Några få av sakerna lämnade vi över till personen ifråga och vips hade vi fått varsitt rum.

Lady Chatterley

Det var mycket varmt i Baku när vi var där. Det var säkert minst 30 grader utomhus men det var i alla fall inte helt vindstilla. I utställningsmontern var det värre. Lamporna i montern gjorde det inte lättare och luften stod stilla. De inhemska besökarna hade, som brukligt var i Sovjet, kavajer i tjockt tyg. Det skall mycket till innan kavajer är genomdränkta av svett på ryggen men så var det där.

För att få lite andrum och luft måste jag gå utanför utställningsmontern ibland. Vid ett tillfälle kom en person fram till mig och frågade på skaplig engelska om jag kom från Sverige. Han berättade att han gärna ville läsa böcker på engelska men att det var nästintill omöjligt för honom att få tag på engelskspråkig litteratur. Det enda han hade hemma var ett exemplar av Readers Digest (Det Bästa) och det hade han läst flera gånger. Han berättade också att han hade haft en engelsklärarinna som hade fått en möjlighet att åka utomlands. När hon återvände hade hon lyckats smuggla in Lady Chatterley's Lover som på sin tid var mycket uppmärksammad för sitt vågade innehåll. Boken hade gått runt på cirkulation i klassen.

Personen jag talade med hade inte hunnit läsa ut den innan han måste skicka den vidare! Han hade ett önskemål som han hoppades att jag kunde hjälpa honom med. Att skicka honom ett nytt nummer av Readers Digest eller boken Lady Chatterley's Lover. Han räckte mig en lapp med sitt namn och sin adress. Jag berättade sedan för en av Sandviks Sovjet-veteraner. Han förklarade att det var meningslöst att försöka skicka någon bok. Den skulle aldrig kunna komma fram och personen skulle kunna få problem.

Bitter östtysk

En helgdag hade utställningen stängt. Några av oss från Sandvik bestämde oss för att åka till en badstrand vid Kaspiska havet. När vi kom dit visade det sig att stranden var delad med ett stängsel. På ena sidan sovjetmedborgare, på andra sidan utlänningar.

Vi slog oss ner vid ett bord. Efter en stund kom en man i 20-25-årsåldern fram till oss och frågade om han fick slå sig ner.

Han visade sig vara från Östtyskland och tillsammans med en grupp som var i Baku på semester. Han var bitter och

81

frustrerad över bristen på frihet. Han var ett Abba-fan och ville helst av allt kunna gå på en live-konsert med dem. Men han förstod att det var omöjligt att kunna resa till något västland. Han var också besviken att hans grupp hade tvingats flytta till ett sämre hotell. Det första hotellet de bodde på var bra. Det andra mycket sämre. Vi förstod att det med all sannolikhet var vårt hotell de hade bott på först. Förmodligen var det så att när man skulle ordna egna rum åt oss körde man ut östtyskarna. Men det sade vi inget om.

Man kan undra över hur dåligt deras "nya" hotell var. Vårt hotell (deras förra) var nämligen inte alls speciellt bra enligt vår standard.
Medan vi pratade med varandra pekade han på en grupp personer en bit längre bort. "Nu tittar de på mig och är förbannade på mig för att jag pratar med västlänningar, men det skiter jag i".

Fotnot:
Baku är ju ett centrum för oljeindustrin i gamla Sovjetunionen. När vi åkte till och från badplatsen passerade vi igenom en del av staden där det löpte kraftiga oljeledningar längs trottoarer och som broar över vägar.

Bröderna Nobel hade på 1880-talet ett gemensamt företag i oljebranschen i Baku. När Alfreds storebror Robert kom dit såg han att oljan från oljekällorna transporterades med häst och vagn. Han visste att man hade oljeledningar i Amerika och såg till att det blev så i Baku också.

Taxiresa utan taxa

En kväll skulle vi "Sandvikare" äta middag med några potentiella sovjetiska affärskontakter. Några av oss skulle dela på taxi. Utanför hotellet stod alltid ett flertal, mestadels sysslolösa, yngre män. De körde taxi privat, någon officiell taxi kunde vi aldrig se skymten av.

Vi haffade en av dem som körde oss till restaurangen som låg ganska långt bort. När vi skulle betala fick vi inget besked om vad det skulle kosta. På något konstigt sätt verkade det som han inte tänkte ta betalt. Vi gav honom emellertid ett cigarrettpaket Marlboro. Sedan lämnade vi taxin.

Dagen efter när jag skulle gå till utställningsområdet var det en person utanför hotellet som sken upp och log mot mig och sade "Marlboro". Det var vår chaufför från kvällen tidigare. Han verkade nöjd och glad. Någon bra förklaring har jag inte. Vi hade ju inte betalat för taxifärden kvällen innan men på eget initiativ givit honom ett paket cigaretter. Det räckte tydligen.

Moskva

Hotelldöden

Vistelsen på utställningen i Baku tog ett abrupt slut. Ryssarna hade nämligen skjutit ner ett koreanskt passagerarplan. Självklart väckte det stor uppmärksamhet. Flygbolag i västländer, däribland SAS, bestämde sig för att i protest bojkotta Moskva som destination. Vi som var i Baku uppmanades att snarast bege oss till Moskva för att hinna ta ett flyg därifrån.

Några lyckades men inte jag. Jag hamnade på hotell några dagar. Det var ett på ytan ganska lyxigt hotell byggt av en amerikansk firma inför Moskva-OS 1980. Att det var amerikanskt var inte svårt att förstå. Men man kunde också förstå vad byggkontraktet täckte och inte täckte. Inredningsdetaljer och liknande var av klart ryskt märke, dels utseendemässigt och funktionellt. Det var inte allt som fungerade så bra eller var speciellt praktiskt.

Det fanns en slags resebyrå på hotellet. Där tillbringade vi västerlänningar en hel del tid i kö i syfte att hitta något sätt att ta oss ut ur landet. Kön som var ganska lång sträckte sig längs en korridor. Inne på kontoret jobbade 2-3 personer. När det var lunch gick alla iväg och stängde kontoret. Efter en timme kom de tillbaka. Vi i kön hade inget annat val än att vänta.

På hotellet fanns tre restauranger, en japansk, den "Ryska" och den "Internationella". Den japanska påstods vara lyxig. Man sade att det flögs in Kobe-biff varje morgon. Kobe-biff är bland det dyraste man kan äta även under normala omständigheter. Det lät väldigt dyrt så jag bestämde mig för att inte gå dit. Det fanns ju två andra restauranger.
På hotellrummet låg ett informationsblad. Där stod att den ryska restaurangen hade ryska specialiteter medan den internationella hade, ja just, en internationell meny. Jag hade ju gott om tid så jag fick möjlighet att besöka båda restaurangerna. Exakt samma meny på båda!

Många år tidigare hade jag också varit i Moskva. Menyerna såg likadana ut då som nu. Dessutom lika på alla restauranger. Rätterna såg ut att vara skrivna på en gammal Halda skrivmaskin. Menyerna var väldigt omfattande. Många rätter var inte prissatta. Jag fick lära mig att de som inte var prissatta aldrig fanns att få. Flertalet av de prissatta fanns inte heller att få så urvalet blev mycket begränsat.

Döden på hotell

Långt tidigare än Baku-äventyret och hotell-döden i Moskva var jag på ett annat besök i Moskva.

Då bodde jag på hotell Rossia, ett gigantiskt hotell. Något år tidigare hade hotellet brunnit. Man kunde tydligt se det eftersom en långsida på hotellet var svart och i stor utsträckning utbränd.

Vid det här tillfället träffade jag och några med mig personal från svenska ambassaden i Moskva. De berättade att de hade ätit middag på en av Rossias restauranger kvällen när det började brinna.

Första tecknet på att något inte var som vanligt var att kyparen kom för att ta betalt innan sällskapet hade fått in varmrätten. Efter ytterligare en stund började personalen ta på sig ytterkläderna och till sist ge sig iväg. Sedan råkade restauranggästerna se genom en öppen dörr inåt hotellet att det rann vatten nerför trappsteg. En kvinna kom krypande nerför trappan och torkade efter bästa förmåga bort vattnet. Situationen visade sig sedan vara den att det brann på hotellet och att vattnet kom från brandkåren men ingen hade besvärat sig med att berätta för middagsgästerna!

Hur allvarlig var branden? Väldigt många omkom uppenbarligen men myndigheterna ville inte berätta. Antalet västerlänningar fick man skapligt grepp om genom att ambassaderna informerade varandra.

Småmutor

Jag har skrivit förut om att man i gamla Sovjetunionen fick rådet att ha lite saker i fickorna som kunde komma till användning.
Vid ett tillfälle var vi några personer som skulle äta middag på en ganska stor restaurang. Ointresset från personalen var påtagligt. Man stod länge uppradade längs en vägg och pratade med varandra och vi fick vänta. Vi hade en uppsättning nålar, sådana man sätter i kavajuppslag, med Sandvik-logga. De började vi dela ut till några i personalen. Då gick det betydligt snabbare. Några kypare gick stolta omkring med Sandvik-nål i kavajuppslaget.

Vid ett annat tillfälle kom vi till en restaurang där det satt en vakt vid ingången. Han sade att restaurangen var fullbokad. Det fanns inga lediga bord. Då tog vi till grova artilleriet.

Vakten fick ett paket cigarretter. Då släppte han in oss. Så länge vi var kvar och hade ätit vår middag var restaurangen inte ens halvbesatt.

Svartväxling

För många västerlänningar var det en frestelse att växla valuta svart. Det är lätt att inse när man förstår att den svarta valutakursen var flera gånger gynnsammare än den officiella. Men officiellt var det olagligt.

Utanför ett av hotellen i Moskva där nästan bara västerlänningar bodde fanns det alltid en mängd taxibilar. En stor del av deras resor med hotellgäster gick bara runt kvarteret. Under den korta resan växlades valuta mellan passagerare och taxichaufför. Framför hotellet där taxibilarna stod knallade en person omkring bland taxibilarna. Det var han som skötte ruljansen med svartväxlingarna. Han var inte speciellt diskret, hade en vit päls som man kunde se på långt håll. Så var det med den olagliga svartväxlingen. Alldeles säkert sanktionerat av statsledningen som behövde västvaluta.

En flaska Martini

Anledningen till att jag bodde på hotell Rossia var att Sandvik deltog i Neftagaz, en olja&gasutställning i Moskva. Resor till och från utställningen arrangerades som regel samordnat för alla "Sandvikare". En dag skulle jag och en kollega åka från utställningen lite tidigare. Vi fick ordna transport själva. Utanför utställningsområdet fick vi tag på en taxi. Föraren visade sig vara en mycket otrevlig typ. För att köra oss krävde han, utöver taxan, att vi skulle köpa en flaska Martini åt honom i hotellets Berioskabutik.

Det var så på den tiden att det fanns speciella butiker, Berioska, där man bara kunde handla med västvaluta. Att få tag på västvaluta var väldigt viktigt för ryska staten vilket man kan förstå också av avsnittet jag har skrivit om svartväxling. I butikerna fanns en hel del varor som det var omöjligt att köpa någon annanstans med inhemsk valuta. Därför väldigt attraktivt.

Chauffören körde oss till ena kortsidan av hotell Rossia där butiken låg. Han släppte av oss på en stor parkeringsplats. Vi gick in i butiken men bestämde oss för att inte köpa någon flaska Martini åt den otrevlige chauffören. Försiktigt smög vi ut ur butiken, gick runt hörnet och sedan längs hela långsidan på hotellet. Vi bodde vid den andra kortsidan av hotellet, vilket var en bra bit bort. Efter en god stund gick vi tillbaka till butiken. Vi behövde handla för eget behov. När vi kom in i butiken kunde vi lite längre bort se chauffören som uppenbarligen letade efter oss. Vi skyndade oss ut innan han hann upptäcka oss och lomade iväg mot vår del av hotellet så snabbt vi kunde.

Ingenting jag är speciellt stolt över men jag har alltid ursäktat mig med att chauffören var en riktigt otrevlig typ.

Svårtillgänglig opera

Vid samma Moskva-vistelse som taxifärden med den osympatiske taxichauffören hade H och jag lyckats få biljetter till en operaföreställning. Det var "Barberaren i Sevilla" på ryska. Föreställningen ägde rum i den stora teatersalen på Kremlpalatset, samma sal där de mäktiga mötena med den politiska ledningen brukar äga rum.

H och jag hade blivit lite försenade så när vi kom in i den stora vestibulen hade alla dörrar till salongen stängts. Utanför varje dörr stod en vakt. Vi visste inte vilken dörr som var den vi skulle gå in i. Vi gick till vakterna i tur och ordning och visade våra biljetter. Ingen av vakterna verkade vara speciellt intresserad av att hjälpa oss. Efter att ha gått runt nästan hela salongen utan att lyckas komma in tog vi till det knep som hade fungerat vid andra tillfällen. Vi tog fram ett par småpresenter som vi hade fått från Sandviks presentförråd. Det gav resultat. Vakten öppnade sin dörr och följde oss längs en gång i den nedsläckta salongen fram till två tomma platser. På så vis lyckades vi avnjuta operan med undantag för ouvertyren som man hade hunnit spela.

Barnledighet

Vid ett tillfälle besökte G och jag Promsyrioimport tillsammans med Sandviks Rysslandsveteran P. Promsyrioimport var den organisation som skötte alla inköp av stål. P var den från Sandvik som skötte kontakterna med dem. Den här gången hade han något ärende. Det hade inte jag och G. Men vi hade lite tid över och fick därför följa med för att få en inblick och det kunde ju senare också uppstå affärsmöjligheter även för oss där vi skulle behöva träffa Promsyrioimport.

Vi hamnade i ett sterilt konferensrum med ett stort bord i mitten och långa bänkar, inte stolar, på vardera sidan. Det var som en rastplats vid en svensk landsväg, bara längre bord och bänkar. Mitt emot oss tre Sandvikare satt den ansvarige personen. Han var ensam. Stämningen var gravallvarlig.

Efter en liten stund visade P oss under bordsskivan en handskriven lapp. Där hade han skrivit att vi skulle vara försiktiga med vad vi sade oss emellan eftersom personen mitt emot oss förstod svenska ganska bra.

Vid slutet av mötet skulle det rundas av. P, som hade träffat personen flera gånger förut, frågade efter fröken X. Hon var nämligen en assistent till den ansvarige mitt emot oss och hon brukade delta på mötena. Svaret kom med lika allvarlig min som under hela mötet: "She is at home, expecting a child with mister A" (hon är hemma, väntar barn med hr A). A. var på den tiden en högt uppsatt person i Sandviks organisation i Sandviken, en person som ibland besökte Sovjet.

Direkt efter mötet tittade vi tre Sandvikare på varandra och undrade om vi hade hört samma sak. Det hade vi.

Japan

Olja&gasaffärer

Japanska stålverk gjorde sina affärer med olja&gasbranschen via handelshus. Det kunde vara t.ex. Marubeni, Mitsui, Mitsubishi. Det var inte alltid samma kombination stålverk-handelshus. Det varierade från projekt till projekt. I ena fallet kunde stålverk A jobba ihop med handelshus X. I ett annat fall kunde de vara konkurrenter då X jobbade ihop med stålverk B. Stålverk A kunde då vara lierat med handelshus Y. Enda undantaget var, den för oss, starkaste konkurrenten Sumitomo Metal som hade sitt eget handelshus Sumitomo Corporation.

Eftersom vi inte hade en egen premiumkoppling för produktionsrör för olja&gasutvinning var vi beroende av någon samarbetspartner som kunde hjälpa oss med den delen. För somliga projekt var japanska handelshus en stark aktör. Det handelshus vi utvecklade bäst kontakt med var Marubeni. De hade bra folk i Storbritannien vilket var viktigt med tanke på affärer för oljeutvinning i Nordsjön.

En heldag golf

S och jag tillbringade en helg i Tokyo. Vi blev då inbjudna av våra Marubeni-vänner att spela golf på söndagen. Det visade sig skilja sig en del från den vanliga golfrundan i Högbo som kunde ta 4-5 timmar i anspråk inkl. resor till och från.

En kväll, ett par dagar innan vår planerade golfrunda blev jag uppringd på hotellet av en av våra Marubeni-värdar. Han frågade om jag hade golfskor. Det hade jag inte och hade aldrig haft. Jag tyckte helt enkelt inte att det var nödvändigt. Min kontakt svarade att han inte trodde att man fick spela utan golfskor. Han var japanskt artig men jag förstod att han visste att jag inte hade golfskor (kanske S hade berättat) och han alldeles säkert visste att man måste ha golfskor på den banan.

Kvällen efter ringde han igen och frågade efter min storlek på skor. Det svenska måttsystemet för skostorlek är inte internationellt men efter en del jämförande kom vi fram vad vi trodde kunde vara rätt storlek.

På söndagen kl. 7 hämtades S och jag vid hotellet i centrala Tokyo av en chaufför med vita handskar och fick åka limousine till golfbanan som låg 30-45 minuter utanför Tokyo. Banan hette Chiyoda Golf and Country Club. Uppfarten mot klubbhuset var en lång vacker allé. Utanför klubbhuset stod två kvinnliga caddies och en av våra värdar (han som hade ringt mig) snyggt på rad. Kvinnorna var likadant klädda i vitt och blått (en av dem syns på bilden nedan). Vår värd, glad i hågen, bar på en papperskasse. Den visade sig innehålla en låda med golfskor som man hade skaffat till mig. Trots viss språkförbistring när vi skulle komma fram till storleken på skorna visade det sig tack och lov att de passade perfekt.

Klubbhuset var som ett bättre hotell med marmorgolv i entrén och statyer längs sidorna. Vi gick fram till en reception bemannad med uniformsklädda personer. Där fick vi nycklar till skåp i omklädningsrummet. Det visade sig att klädskåpen hade våra namn tryckta på skyltar.

Efter att vi hade bytt om och träffat våra två Marubeni-vänner bar det av till restaurangen för frukost. Efter frukost gick vi ut och fann våra två caddies vid en golfbil där golfbagarna var upplagda.

Golfbilen gick på räls och var fjärrstyrd av en av kvinnorna. Det visade sig att vi hade en bokad starttid som var exakt på minuten. Väl igång kom vi ut på en golfbana som var i perfekt skick. En och annan banarbetare såg vi och de ägnade sig mest åt att plocka upp löv som hade fallit från träden.

Våra caddies var mycket aktiva. Råkade vi slå någon boll in i skogen vilket faktiskt hände sprang någon caddie före och letade. Efter en liten stund hade caddien lärt sig vår spelstandard och var den som valde klubbor åt oss. Ifall vi ville välja själva tog de nog lite illa upp men på ett försynt sätt. Allt gick i ett stadigt tempo. Att gå förbi någon framförvarande eller släppa förbi någon var inte möjligt. Golfbilarna gick på en kontinuerlig räls genom hela banan.

Efter 4-5 hål kom vi fram till en bar. Där fanns en uniformerad bartender. Det fick bli en drink. Att fortsätta direkt var det ju i alla fall inte tal om. Framförvarande spelare var precis klara med sin drinkpaus när vi kom så vi fick ta en paus vare sig vi ville eller inte.

Efter avslutade 9 hål var vi tillbaka till klubbhuset. Där vankades lunch i den eleganta golfrestaurangen. Efter lunch hade vi ny starttid exakt på minuten. Samma procedur som förut. Enda skillnaden var att en bar dök upp redan efter 3 hål, d.v.s. hål 12. 3 hål senare kom vi till samma bar men från andra hållet.

Efter avslutad runda tvättade vi oss och bytte om. Tvätt- och duschrummet var stort och ena väggen bestod av ett panoramafönster som vette mot ett vattenfall och en damm med karpar.

Väl ombytta besökte vi återigen den eleganta restaurangen där vi intog middag. Efter att ha tagit adjö av våra värdar och spelpartners vidtog resan tillbaka till hotellet med limousine och vitbehandskad chaufför. Vi var på hotellet sent på kvällen.

Lite annorlunda än en golfrond i Högbo!

Fotnot: När vi tog adjö av våra golfvärdar ville jag lämna tillbaka golfskorna som man hade skaffat åt mig. Man ville emellertid inte ha tillbaka dem: "Ingen här har så stora fötter"!

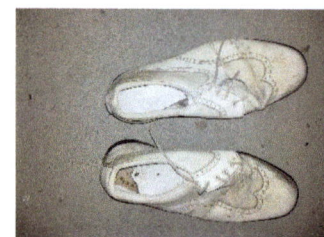

På hemmaplan blev skorna en kär klenod som jag använde så länge som möjligt. Lite för länge tyckte nog många.

Försvunnen hierarki

Som jag har berättat i ett tidigare exempel hade vi ingen egen s.k. premiumkoppling för produktionsrör d.v.s. de rör som tar upp oljan/naturgasen från källan till markytan. Vi hade ju genomfört en affär med hjälp av det engelska företaget Hunting som gick bakom ryggen på vår franska konkurrent och tillverkade kopplingar åt oss.

Hunting var intresserad av att kunna tillverka kopplingar på ett mer rumsrent sätt. Därför inledde man ett samarbete med det japanska stålföretaget Kawasaki Steel. Kawasaki var visserligen också rörtillverkare men inte inom samma materialtyper som vi. Om utvecklingen av en ny premiumkoppling hade lyckats skulle vi och Kawasaki snarare komplettera varandra.

I avsikt att diskutera samarbete och lära känna varandra gjorde jag och S ett besök hos Kawasakis fabrik i Japan. Det jag minns från det besöket handlar om kulturella skillnader.

Vi hade ett möte på fabriken där vi träffade ett flertal personer med fabrikschefen i spetsen. Dessutom kommersiellt ansvariga och personer från tillverkningen. De personer från japanska företag som vi normalt träffade var sådana som hade en viss erfarenhet av internationella kontakter och därför hade ett sätt att bete sig som var lite anpassat till internationella förhållanden. Personerna från Kawasakis produktion hade inte sådan exponering och uppträdde på ett mer typiskt "japanskt" sätt vilket var intressant att observera. Vidare framgick det tydligt vem som var chef över vem. Hade vi inte känt till det i förväg hade vi lätt listat ut det, genom deras sätt att bemöta varandra.

Efter mötet åkte vi till ett annat ställe för middag och övernattning. Det var vid ett hus som låg vackert vid havet och säkert ägdes av Kawasaki, kanske avsett för utbildning och möten av olika slag.

Eftersom jag var högst i rang av "sandvikarna" fick jag åka med fabrikschefen. Vi satt bredvid varandra i baksätet i en rymlig limousine som kördes av en chaufför med vita handskar.

Väl framme vid destinationen fick vi checka in på våra resp. rum. På sängen låg snyggt hopvikt en kimono och på golvet nedanför låg ett par tofflor. S och jag provade våra utstyrslar och hade svårt att hålla oss för skratt, tyckte att vi såg smått löjliga ut. En av oss gick sedan till den som var vår kontaktperson och frågade om vi verkligen behövde ha utstyrseln på oss. Det rådde ingen tvekan om att vi skulle det!

När vi sedan bänkade oss vid det låga middagsbordet visade det sig att alla var klädda exakt likadant. Det hade sedan en klart utjämnande effekt. Stämningen runt bordet blev synnerligen informell. Alla pratade otvunget med varandra och kunde skämta med vem som helst oavsett vilken befattning man hade på jobbet på dagtid. Skrankorna var som bortblåsta. Något att ta efter?

Kulturella skillnader

Erfarenheterna från Japan är för mig ett exempel på kulturella skillnader. Jag har fler exempel, egna och andras. Vetskapen om kulturella skillnader kan vara av stor betydelse när man gör affärer på internationell nivå. Min erfarenhet, möjligtvis generaliserar jag, är att vi svenskar får ta ganska stort eget ansvar när vi gör affärer internationellt. Vi kan ha vissa riktlinjer för vad vi kan acceptera kommersiellt men det är inte nödvändigtvis väldigt strikt och vi har rätt så bra befogenheter att ta egna beslut när vi är mer eller mindre på egen hand långt hemifrån.

Det är inte lika vanligt i många andra kulturer. Ibland kan ansvarsgränser vara mycket strikta och tydliga. Det är bra om man känner till det.

Jag har beskrivit förhandlingen om kärnkraftsaffär i Indien. De som vi förhandlade med hade en absolut limit som man under inga förhållanden kunde överskrida oavsett konsekvenserna. I värsta fall hade man kunnat försena sitt kärnkraftsprogram. I det fallet fick vi till slut hjälp att förstå förutsättningarna och agera därefter.

På en resa en gång råkade jag träffa en person från Sandvik som hade varit i Sydkorea för att förhandla om en affär. Han var frustrerad, man hade inte kommit överens om någon affär. Han berättade att han hade hamnat i tidsnöd under förhandlingen som hade pågått ganska länge. För att komma ur sin tidsnöd lämnade han ett klart förbättrat bud till motparten under förutsättning att man kunde komma fram till ett snabbt avslut. Det gick inte. Han kunde inte förstå att de kunde säga nej till ett så bra bud. Det han inte visste var att beslutsgången i Sydkorea var sådan att man helt enkelt inte kunde ta ett så snabbt beslut. Det måste processas och förankras internt oavsett hur bra det lämnade budet var.

En av våra Marubeni-kontakter som då jobbade i London berättade att han en gång hade skickats ut för att förhandla om en order i någon av länderna i Mellanöstern. Han hade med sig klara instruktioner hemifrån, en prisnivå som han inte hade befogenheter att underskrida. Han hamnade till slut på den lägsta prisnivån utan att komma till avslut.

Under normala omständigheter hade han gett upp och åkt hem. Det var inte normala omständigheter. Han låstes in och skulle inte släppas ut förrän han hade accepterat ett lägre pris! Han fick lov att krypa till korset. Normalt hade han fått en rejäl bassning hemma men jag skulle tro at man tyckte att det fanns förmildrande omständigheter!

På Sandvik, i alla fall inom Steel (sedermera SMT), hade man det goda omdömet att anordna seminarier om andra kulturer för anställda med internationella affärskontakter. På den tiden hade SAS en interkulturell avdelning med personer som hade kunskap om andra kulturer. Det hände att Sandvik hyrde in sådana personer för seminarierna. Det var mycket värdefullt.

Ett exempel jag minns som kan vara av betydelse för otåliga svenskar som vill att saker skall hända snabbt och som inte vill vänta i onödan. Det hade gjorts en undersökning om hur lång tid det tar för personer i olika kulturer att börja oroa sig när någon man har bestämt möte med inte dyker upp i tid. Exemplet gällde Sverige och ett land i mellanöstern. I exemplet dröjde det en timme i Sverige och i landet i mellanöstern dröjde det en dag!

Högt uppe med höjdare

Inom området rostfria och höglegerade rör var Sandvik och Sumitomo världsledande.

Min chef J har jag berättat om tidigare, dels i lite mindre positiva ordalag under "Vildsint offshoreprojekt" på sid 46 och i mer positiva ordalag under "Flygande holländaren" på sid 48. J var lite av pionjär vad gäller kontakter med Sumitomo. Några av kontakterna, t.ex. med Sumitomo i London, introducerade han mig till.

Vid ett tillfälle var det ett möte mellan Sandvik och Sumitomo i Tokyo. Från Sandvik några ur högsta stålledningen, från Sumitomo motsvarande. Näst lägst i rang var J. Lägst i rang var jag. Efteråt har jag fått veta att personerna i stålledningen inte tyckte att det fanns anledning att jag skulle vara med men J insisterade på min medverkan.

Mötet ägde rum i form av flott middag på Okura hotell i Tokyo, på sin tid rankat som ett av världens topphotell. Det betvivlar jag inte ett ögonblick.

Middagen avslutades på en våning högt uppe i hotellet, ett rum med panoramafönster. Klockan var närmare 22 när vi stod och tittade ut genom fönstret och kunde se mycket biltrafik på de stora vägarna under oss.
Vi undrade varför det var så mycket trafik så sent på kvällen. "Second rush hour" (andra rusningstiden) var svaret.

Sumitomo var ju i grund och botten en stark konkurrent. Men det odlades med tiden en bra relation som bl.a. kom till konkret uttryck i en gemensam investering i en rörpress i USA.

Tyskland

Snabbt utfall

Vid ett tillfälle besökte jag en potentiell kärnkraftskund i Tyskland tillsammans med M från Stålforskningen. Det var samme M som var tillsammans med mig vid besöket hos raffinaderiet i Kalifornien då han bildlikt talat slog sin panna blodig i försöken att övertyga den ansvarige om förträffligheten hos den förbättrade stålsorten. M kunde ha ett hetsigt humör ibland.

Vid mötet i Tyskland uppfattade både M och jag att den potentielle kunden var onödigt tyskt formell. Det var tålamodsprövande. Vid ett tillfälle reste sig M raskt upp i syfte att visa något. Han råkade trampa i portföljen som stod bredvid honom på golvet. Han höll på att falla och tog ett snabbt steg i riktning mot personerna vi diskuterade med. Ett kort ögonblick trodde nog de (och jag) att M skulle ge sig på dem fysiskt.

Minnet av Fulda

Jag hade flera dagar med kundbesök inplanerade i Tyskland. Men strax innan drabbades jag av magsjuka. Dagen jag skulle åka hade jag precis kommit på benen men inte tillräckligt återhämtad för att åka. Därför fick jag avboka första mötet och sikta på att åka en dag senare.

Jag skulle till Heidelberg. Dit skulle jag komma med flyg Stockholm-Frankfurt och vidare med tåg till Heidelberg. Jag skulle komma fram i skaplig tid på kvällen. Jag var visserligen lite medtagen efter magsjukan men en lugn resa och gott om tid på hotellet skulle räcka bra för återhämtning.

Inga problem att ta mig till Frankfurt och den väldiga tåg-stationen. Satte mig på tåget till Heidelberg...trodde jag. Men orterna jag skulle passera på vägen till Heidelberg dök aldrig upp. Så småningom gick det upp för mig att jag satt på fel tåg. Jag måste snarast möjligt kliva av och åka tillbaka till Frankfurt. Det dröjde en god stund innan första stoppet. Det var i Fulda. Där stod jag i min ensamhet på perrongen och fick vänta ganska länge på tåget tillbaka till Frankfurt. Sedan (rätt) tåg till Heidelberg. Väl framme hade klockan gott och väl passerat midnatt.

Bättre återhämtning hade jag kunnat önska mig.

Fulda glömmer jag aldrig.

97

England

Middagsbjudning i Birmingham

Jim, lokal Sandvik-säljare, och jag hade rest runt på kundbesök ett par dagar. Nu var det sen eftermiddag och vi var på väg till Birmingham-trakten där Jim bodde och där jag skulle övernatta på hotell.

Då blev jag inviterad hem till Jim och hans hustru på middag på kvällen. Först lämnade Jim av mig vid hotellet och skulle hämta mig lite senare. Jim kom som överenskommet och på vägen stannade han på ett enklare ställe och köpte fish and chips inlindat i tidningspapper. Jag tyckte det såg ut som ett ganska litet paket.

Väl hemma hos Jim hälsade jag på hans hustru och blev visad in i en liten matsal. Där var dukat med fish and chips till en person. "Men ni då?". "Vi har redan ätit"!! Där intog jag min enkla måltid mol allena medan Jim och hans hustru stod i angränsande kök och tisslade och tasslade

Soloprestation

Hugo var en av Sandviks säljare i England. Han hade fått rykte om sig att vara inne i sin egen värld, mer intresserad av detaljer än av helheten, inte så observant på omvärlden.

En sen eftermiddag ringde han på hemma hos sin chef, Terry. Han angav inget speciellt ärende men Terry var artig och bjöd in honom. Hugo gjorde sig snabbt bekväm i en soffa. Fortfarande inget speciellt ärende utan mer en artighetsvisit med kallprat. Han blev kvar länge och gjorde inga tecken till att gå. Terry och hans hustru började känna sig obekväma, inte minst därför att de skulle göra sig i ordning för någon träff och middag på kvällen. Till slut kunde Terry inte göra annat än tydligt visa att de inte hade tid längre och måste be Hugo gå. Av artighet frågade Terry hur det var med Hugos hustru. Hugo: "Hon sitter ute i bilen".

Kattmat

Hugo besökte Sandviken emellanåt.
Vid ett tillfälle bjöd vi hem honom på middag. Till förrätt hade vi dragit till med något som vi tyckte var typiskt svenskt och lite exklusivt, nämligen kräftor.
Det gick inte speciellt bra. Hugo rörde knappt kräftorna.
Senare fick vi höra att kräftor var kattmat i England.

Andra platser

Prisutdelning i Skottland

En episod, om än kanske långsökt, med koppling till Japan.

I Aberdeen fanns det förr en återkommande offshore-utställning med fokus på Nordsjön. Det var en viktig mötesplats för många av våra affärskontakter och därför deltog Sandvik vid några tillfällen.

Vid ett av dessa tillfällen bjöd Sandviks engelska dotterbolag in affärskontakter till en golftillställning i Cruden Bay, inte långt ifrån Aberdeen. Det hör inte till berättelsen men jag kan inte låta bli att skriva att Cruden Bay är den i alla avseenden vackraste och mest magiska bana jag har beträtt.

Dotterbolaget hade fixat priser till golftävlingen. Eftersom Sandvik stod som värd för tillställningen var vi några som påpekade att det vore olämpligt om Sandvik skulle roffa åt sig alltför mycket av prisbordet, speciellt inte de finare priserna. Inte alla var överens om att vi skulle göra på det viset.

Det ville sig inte bättre än att dotterbolagschefen vann tävlingen. Han såg inga problem med att lägga beslag på första priset.

Någon tid därefter råkade jag av en händelse stöta på ett par japanska affärsbekanta på flygplatsen Heathrow i London. De var stationerade i England, hade blivit inbjudna till golftill-ställningen men tvingats tacka nej p.g.a. andra åtaganden.

De beklagade att de inte hade haft möjlighet att deltaga. Nästan det första en av dem sade var: "I heard that your managing director won the first price" (jag hörde att er chef vann första priset).

Jag tror det var deras sätt att säga att de inte tyckte det var så lämpligt.

Gatlopp i Paris

Vid ett tillfälle hade jag haft kundmöte(n) i Paris fram till fredag eftermiddag. Flyget hem gick tidigt på lördag förmiddag så jag hade en ledig fredagkväll.

Jag bodde på ett hotell ganska centralt i Paris. Jag hade aldrig sett Triumfbågen och tyckte därför att det var ett lämpligt utflyktsmål. Triumfbågen ligger som i en stor rondell (platsen heter för övrigt numera Place Charles de Gaulle). Många gator, bl.a. Champs-Élysées, leder dit från alla håll. Vill man gå runt Triumfbågen, vilket jag ville, tar det en god stund, många övergångsställen med trafikljus.

Nåväl, runt skulle jag alltså. Vid ett övergångsställe när jag väntade på grönt ljus fick jag en obehaglig känsla av att det var två personer som stod väldigt nära, bakom mig. Efter en liten stund kände jag en dov smäll i huvudet. Instinktivt utan att se mig om började jag springa ner längs en av vägarna från Triumfbågen. En av de två personerna sprang efter mig. Vi sprang några kvarter innan förföljaren gav upp. Det var en obehaglig, bisarr händelse. Vi var långt ifrån ensamma. Det var ju fredagkväll och mycket folk i rörelse, promenerande till och från restauranger och annat. Ingen verkade bry sig. Många människor som lugnt spatserar omkring och två personer som springer allt vad de kan.

När jag äntligen hade blivit av med förföljaren lomade jag iväg till hotellet. Lätt chockad men smällen i huvudet kände jag inte så mycket av. När jag vaknade på morgonen hade jag en ganska ordentlig bula så det var nog ingen obetydlig smäll trots allt. Vad hade hänt om jag inte hade sprungit instinktivt utan stannat upp ett ögonblick? Mitt ibland alla människor som fanns omkring oss.

Kulturintresse i Wien

Vid ett besök i Wien hade jag några timmar över. Jag befann mig inte så långt ifrån Wienoperan. Den skulle det vara intressant att beskåda. Jag fick reda på att operan var öppen för visning en viss tid på dagen.

Strax innan den tiden gick jag till den mindre ingången intill den stora entrén där inträdet till visningen var. Det stod ett knappt tiotal människor i kö utanför ingången. Jag tänkte att det var lagom stor skara människor att gå tillsammans med i rundturen. Jag trodde att det fattades några minuter innan man skulle öppna så jag bestämde mig för att gå en vända. Ifall det skulle dyka upp ytterligare några personer i kön så gjorde det väl inget.

När jag kom tillbaka var kön ungefär lika lång men det visade sig vara öppet och kön rörde sig sakta framåt. Jag tog plats i kön. När jag kom in genom dörren och fram till kassan såg jag att kön var betydligt längre än jag trodde. Strax efter att jag hade betalat kom jag in i en stor foajé som var fylld med folk!

Den stora mängden människor delades upp i tre grupper efter språk, tyska, engelska, franska. Jag anslöt mig till den engelska. Även den delades upp, så många var vi. Till slut kunde man se den ena gruppen efter den andra gå kors och tvärs genom byggnaden, var en och med en ciceron.

Lite större intresse än jag som lantis trodde från början!

Signor Birra

U och jag var på kundbesök i Italien tillsammans med Luciano från Sandviks italienska dotterbolag. Den här dagen hade vi haft ett par kundbesök och suttit länge i bilen. Det började bli

sent på eftermiddagen, dåligt väder och mörkret började sänka sig. Vi var trötta och hungriga.
Luciano stannade vid en restaurang som han antagligen kände till från förr.

Vi satte oss till bords. Någon meny var det inte tal om. Kyparen dukade helt enkelt fram flera läckra fiskrätter (restaurangen låg nära havet på nordvästra sidan av Italien). Kyparen kom också med det vita vinet som säkert passade utmärkt till fiskrätterna.

Då sade U att han ville ha öl istället. Kyparen stelnade till, tittade uttryckslöst och till synes oförstående på U en stund. Men U fick sin öl.

Efter middagen behövde U gå in på toaletten. Luciano och jag väntade i närheten av utgången. Vår kypare kom då fram och frågade "Signor Birra"? (Herr Öl?). Kyparen hade upplevt något ovanligt!

Exit Sandvik

Orsaker

Efter lite över 20 år på Sandvik blev det miljöombyte. På den tiden fick man en guldklocka efter 20 år på företaget men det fick inte jag. Jag hade varit på Sandvik lite över 20 år men det skulle vara 20 hela kalenderår och det hade inte jag. Det fick jag leva med.

Det fanns ingen tanke från min sida att lämna företaget men det blev så i alla fall till slut. Det fanns förstås några orsaker till det.

Statisk organisation

Det var ganska mycket fokus på ledarskapsutveckling, i alla fall i den del av företaget som jag kunde överblicka. Insatsen som jag beskriver under avsnittet "Infiltration av konsulter" på sid. 38 är ett exempel.

Det talades om att chefer skulle kunna rotera, d.v.s. att chefer skulle få möjlighet att pröva sina vingar i andra miljöer än de invanda. Den uttalade ambitionen var något som jag tyckte om. Hade man lite mer konsekvent sett till att fullfölja ambitionen hade enligt min uppfattning alla tjänat på det. Många hade också varit mindre benägna att lämna Sandvik. I praktiken var det emellertid som så att när någon chef skulle tillsättas tog man som regel någon från den allra närmaste omgivningen.

För mig dök det ändå upp ett par möjligheter att kunna byta miljö. Jag var nära någon gång men nådde inte riktigt fram. Det skapade en besvikelse hos mig. Om jag hade beväpnat mig med mer tålamod kanske det hade ordnat sig till slut. Jag tyckte (och tycker) väldigt mycket om företaget Sandvik och hade ingen önskan att ta mig därifrån. Men det som i slutänden avgjorde var det som jag beskriver i de följande avsnitten.

Bristande stöd

Tidigare (s. 44) har jag beskrivit att rörprodukterna kunde indelas i två kategorier, standardprodukter och specialprodukter.
Min chef som var administrativt duktig förstod och ägnade sig mest åt den första standardbetonade delen. Den andra delen där jag befann mig förstod han inte så bra och kände sig säkert inte bekväm med.

Ibland är det så, och det kan man tycka vad man vill om, att det förväntas av högre chefer att visa intresse att ställa upp i någon kontakt med det kundföretag man hoppas göra affär med, speciellt när det handlar om stora affärer. Men min chef var obekväm med sådana kontakter och avstod helst. Att han var obekväm märktes också så han hade nog ändå inte gjort någon större nytta även om han hade deltagit.

Eftersom vi hade så olika syn på verksamheten skar det sig mellan oss. I kontakten mellan oss var väl heller inte diplomati min starkaste gren.

Anda av snålhet

Under min sista tid på Sandvik skickades det ut signaler om sparsamhet, rentav snålhet. En tydlig signal var ett PM som Sandviks dåvarande VD skickade ut i mitten av mars 1990.

Jag citerar ur PM-et:

" Gör ingen extern rekrytering förrän ni dubbelkontrollerat att ingen tänkbar kandidat finns internt (och prövar först om ersättningen är absolut nödvändig)"

" Använd våra egna logi- och matmöjligheter till bristningsgränsen. Ställ gärna in konferenser om de inte är livsnödvändiga"

" Res <u>aldrig</u> mer än en person"

(Understrykningarna fanns i PMet).

Avslutningen var så här:

"Jag tycker mycket illa om att skriva denna typ av PM men känner mig ändå tvingad, eftersom årets rekordvinst knappast underlättar förståelsen för läget. Ni måste därför med kraft sprida budskapet i organisationen om det skall få någon effekt, innan det är för sent."

Personligen tror jag inte att han tyckte illa om att skriva denna typ av PM. Han var privat en mycket sparsam person och det präglade säkert honom på jobbet också.

Observera att han skriver att Sandvik hade gjort rekordvinst vilket stämde. Då var det väl knappast någon kris. "Innan det är för sent". För sent för vad?

PM-et väckte ont blod på många håll.

Sandvik är ett företag som har blivit framgångsrikt på avancerad produktutveckling och komplexa affärer. Lönsamhet för en sådan verksamhet kan man enligt min bestämda uppfattning inte uppnå genom extrem sparsamhet.

Min närmaste chef hade inga problem att verka i den här andan men hans insats i marknadsorganisationen var, som jag har skrivit, mest på standardbetonade produkter där logistik och administration snarare än försäljning var viktigt.

Skulle man slaviskt följa sparsamhetsdirektiven vore det omöjligt att bedriva projektaffärer framgångsrikt.

Nu vill jag absolut inte påstå att det jag beskriver var typiskt för Sandvik. Inte alls, men det var typiskt för just den här epoken. Det fanns andra, mer generösa och sansade epoker.

Det är ju också så med stora företag som Sandvik att direktiv från högsta ledningen inte alltid tränger hela vägen ner organisationen. På vägen kan det göras tolkningar som man tycker bättre passar den verklighet man lever i.

Nu vill jag inte påstå att vi direkt förhindrades att göra det vi tyckte var viktigt och nödvändigt men antydningar fick vi ibland ("måste ni åka två personer?"). Men irriterande var det att känna att det i bakgrunden fanns något (inte alltid uttalat) ifrågasättande. Det blev jobbigt i längden.

Ungefär en månad efter det famösa PMet, när jag hade lite mer än en vecka kvar på jobbet skrev jag ett "testamente" som jag skickade till cheferna nivåerna över mig.

Mot bakgrund av flera lyckade, stora affärer, försvarar jag vårt arbetssätt som går stick i stäv mot de rådande signalerna. Jag tar inte upp mer utrymme här utan lägger en del av min text som bilaga 1.

Huvudjägare

En dag ringde en rekryteringskonsult och presenterade en jobbmöjlighet. Det påminde lite om jobbet på Sandvik. Eftersom jag inte var helt nöjd med den situation jag hade var jag beredd att lyssna. Ganska snart fick jag klart för mig att det handlade om marknadschefsjobb på Finspong Aluminium. Jag åkte till Stockholm och träffade konsulten. Bl.a. gjorde han en test på mig som kom fram till det om mig som syns här intill.

```
*   Grundlig, vänlig
*   Tar på mig de flesta uppdrag
*   Kommunicerar
*   Vill lyckas
*   Tål press
*   Ogillar lösa trådar – vill göra varje sak klar
*   Vill ej vara på hal is
*   Lojal, allvarlig
*   Behöver hjälp att starta nya saker
*   Bestämda åsikter – svår att rubba
*   Anpassar mig ej snabbt till nya situationer
*   Vill veta varför
*   Tendens att läsa in mer än vad som finns
*   Tuff, såras lätt
*   Serviceuppfattning
*   Svårt att vara hemifrån länge
*   Föga demonstrativ och ej lätt att entusiasmera
*   God lyssnare och förhandlare
*   Ogillar tillsägelser – tar kritik hårt
```

När vi var klara ringde han till Finspång och vi

bestämde tid att träffas där.

Jag åkte incognito till Finspång och kollade in jobbet. Det slutade med att jag accepterade jobberbjudandet.

En av de personer jag träffade i Finspång var VDn som det finns mycket att berätta om. Det återkommer jag till. Även hustru Monica träffade VDn. Hon fick en känsla av obehag. Det fick inte jag. Mina känselspröt var inte tillräckligt långa. I efterhand får jag ge Monica rätt.

Kuriosa i sammanhanget fick jag veta senare var att min närmaste chef på Sandvik som jag hade svårt att respektera hade nämnt mitt namn för rekryteringskonsulten. Chefen kanske ville bli av med mig. Hade han inte tipsat rekryterings-konsulten hade Finspångjobbet förmodligen inte dykt upp.

Vilken vändning hade livet tagit då? Väldigt annorlunda förstås.

Avslutningen

Min sista dag på jobbet blev jag uppkallad till konferens-rummet på översta våningen på Stensmokontoret. Där hade samlats ett stort antal arbetskamrater. Rördivisionschefen, den humane G, som var min chefs chef, avtackade mig och jag fick möjlighet att ta farväl av alla arbetskamrater.

Min närmaste chef, som jag har berättat om och som jag inte drog jämnt med, deltog inte. Vi har inte träffats för någon form av avslut senare heller.

G, som var väl medveten om relationen mellan min chef och mig, viskade i mitt öra vid avtackningen att han stod på min sida.

Vid ett tillfälle när jag precis hade slutat jobbet på Sandvik dök det upp en lastbil utanför huset på Älgstigen. På flaket fanns en flakmoppe som man lyfte ned. Jag fick en hjälm med någonting påsvetsat. Jag fick också en liten bit karta med en kontroll markerad. Dit skulle jag åka. Det man inte visste var att jag aldrig hade kört moped. Med visst besvär gick det så småningom.

Till slut blev det ett flertal kartbitar med kontroller runtom stan tills jag så småningom hamnade i centrum. Alla kontroller var vätskekontroller.

Middag vidtog tillsammans med många arbetskamrater (bilden på nästa sida).

Många roliga inslag iscensattes i regi framförallt av den synnerligen kreative Göran N. Det framgick senare att hustru Monica var väl införstådd med vad som skulle hända och hade lämnat foton och annat till Göran N.

När jag skriver det här väcks minnen till liv. Det är med starka känslor jag tänker tillbaka på alla underbara arbetskamrater.

Här avslutar jag allt jag skrivit om Sandviktiden. Därför en reflektion innan jag övergår till att berätta om sådant som hände efter Sandviktiden.

Jag har haft gott om möjligheter att jämföra Sandvik med många andra företag och verksamheter, både sådana som jag har jobbat i och sådana som jag har kunnat se på lite håll.

Med sådant perspektiv framstår Sandvik för mig som det mest gedigna och professionella företaget, det företag jag respekterar allra mest. Jag kan ibland beklaga att jag inte blev kvar där men då hade jag å andra sidan inte fått de upplevelser som jag delvis beskriver i de avsnitt som följer.

Andra anställningar (1990-2000)

Finspong Aluminium

Efter många år på Sandvik och i Sandviken gör jag en jämförelse mellan orterna och företagen innan jag beskriver vidare öden och äventyr.

Jämförelse

Orterna

Både Sandviken och Finspång är ganska typiska bruksorter, uppvuxna runt gamla bruksföretag. Finspång som bruksort har en betydligt längre historia än Sandviken. Louis de Geer bosatte sig i Finspång på 1600-talet och var en av dem som startade industrialiseringen i Sverige. Bl.a. tillverkade man i

Finspång kanoner för trettioåriga kriget. När det gäller industrialisering kan man därför säga att Finspång var ca 250 år före Sandviken.

Det ligger då nära till hands att tro att historien gör sig mycket mer påmind i Finspång än i Sandviken. I viss bemärkelse ja. T.ex. finns ett slott från Louis de Geers tid. Vid slottet finns också en gammal kanon där man även på senare tid har skjutit salut när någon sentida ättling till Louis de Geer har kommit på besök.

När det gäller dokumentation av historien ligger dock Sandviken inte efter. Stadens och Sandviks tillblivelse och utveckling sedan 1860-talet finns rikt dokumenterad. Det skall vi tacka några mycket idoga och skickliga personer för. Om jag nämner namn kanske någon blir bortglömd. De flesta, inkl. de själva, vet säkert vilka jag menar.

Finspång har sedan länge dominerats av två företag med skilda verksamheter. En tillverkare av turbiner, ägd av bl.a. Stal, ABB, Siemens. En tillverkare av huvudsakligen band i aluminium, mässing, koppar, länge ägd av Svenska Metallverken, senare av bl.a. Gränges.

Genom orten går ett vattendrag. Historiskt bodde anställda på det ena företaget på en sida och de anställda på det andra företaget på andra sidan. De år jag var där hade det i stort sett jämnats ut. Folk valde inte längre i någon större utsträckning var man skulle bo efter var man jobbade.

Företagen

Företag som är, eller har varit, mycket lönsamma kan ha skaffat sig beteenden som hänger kvar även i kärvare tider. Lite av sådant upptäckte jag i Finspång.

Man hade haft goda tider när byggplåt i aluminium hade blivit en stor produkt. Då kostade man på sig en del dyra vanor. Vid den tidpunkt jag kom till Finspång hade det gått så pass lång tid sedan de riktigt goda tiderna att de vidlyftiga beteendena hade fått lov att till allra största delen upphöra. Men minnena fanns kvar. Äldre medarbetare berättade om interna möten som man helt enkelt hade bestämt hålla utomlands istället för hemma. Ingen kunde eller ville berätta för mig vad mötena hade handlat om, däremot vad som hade funnits på menyerna att äta och dricka.

På höstarna brukade man bjuda in kunder och andra affärskontakter på kräftskivor. Ibland pågick fler kräftskivor samtidigt. Man hade en person anställd som fungerade som festgeneral och som ofta fick lov att springa emellan kräftskivorna.

Det som levde kvar var en lite glättig attityd hos somliga medarbetare, i alla fall i viss kontrast mot den lite kärvare och seriösa attityd som jag hade levt i på Sandvik. Till en början kunde jag uppleva det ganska positivt men det visade sig så småningom att det fanns ett och annat under ytan. Mer om det i avsnittet "Jobbet".

Jag skall också tillägga att den glättigare attityden till viss del hade präglats av en tidigare chef som har gjort sig vida känd för en okonventionell och respektlös stil och även haft en period som partiledare. Den jag avser är Ian Wachtmeister. Honom återkommer jag till eftersom jag råkade få honom som chef senare.

När jag kom till Finspång tillhörde verksamheten Gränges som ägdes av Electrolux. Det hade medfört en betydligt hårdare ekonomisk styrning och kärvare attityd.

Ian Wachtmeister brukade berätta om ett möte med dåvarande VD'n för Electrolux, Hans Werthén, ett möte mellan två helt olika personlighetstyper. Det var när Werthén skulle sparka Ian W som Grängeschef. Ians berättelse var humoristisk och ironisk.

Miljön på Sandvik, som jag lämnade var en annan än i Finspång. Som jag har nämnt var den lite kärvare, (i alla fall på högre chefsnivå), sparsammare, inga överdrifter. I efterhand vill jag beskriva den som i huvudsak mer seriös.

Jag skulle tro att Sandvik genom historien har strävat envetet framåt i förhållandevis tuffa tider och aldrig åkt snålskjuts på perioder med så stark lönsamhet att man har skaffat sig dåliga, bortskämda vanor. Det jag avser, och tycker mig känna till är

den ursprungliga stålverksamheten. Hur det är med raketen
Coromant kan jag inte yttra mig om.

Verksamheten

Som bakgrund till den situation jag själv hamnade i berättar jag
först lite om hur verksamheten såg ut. Min egen situation
följer i nästa huvudavsnitt "Jobbet".

Produkterna som tillverkades var band och plåt i aluminium
och aluminiumlegeringar.

För fortsättningen behövs en förklaring hur marknaden såg ut.
Den kan lite förenklat delas in i tre delar:

1) Returburkar

2) Industriprodukter

3) Bilkylare

Returburkar
Alla dryckesburkar som insamlas i Sverige hamnade i
Finspång. Från tid till annan kunde man beskåda ett kolossalt
berg av burkar på verksområdet.

Burkarna smältes ner och nya band tillverkades i valsverket.
Banden levererades till dåvarande PLM i Malmö som
tillverkade nya burkar. Ett kretslopp. Den här verksamheten
hade marknadssidan inte så mycket med att göra utan den
sköttes på företagsledningsnivå.

Industriprodukter

Strax efter att jag började jobbet i Finspång blev det ett
herrans liv på VD. En kund i Söderköping hade bestämt sig
för att byta till en annan leverantör. Den ansvarige säljaren
utsattes för frågor om hur det kunde gå till.

Själv hade jag svårt att förstå uppståndelsen. Min erfarenhet
från Sandvik var att kunder kom och gick. Ofta var det affärer

för något specifikt projekt. När leveransen eller leveranserna var gjorda var affären klar. Kunderna var också nästan undantagslöst utanför Sverige. Den löpande kontakten med kunderna hölls av dotterbolagen. Vi i Sandviken blev involverade vid specifika tillfällen.

I Finspång fick jag lära mig att det var något helt annat. Marknaden för Finspong Aluminium (med undantag för bilkylare som jag återkommer till) var nästan uteslutande nordiska länder och då framför allt Sverige. Produkter för t.ex. byggbransch och mekanisk industri var förhållandevis enkla och det gick inte att konkurrera med de stora drakarna bland aluminiumtillverkarna som var betydligt större än Finspong Aluminium.

Ett fåtal kunder fanns i Danmark och Finland. I Norge inte många heller. Där fanns ju dessutom en av drakarna bland aluminiumleverantörer, Hydro Aluminium.

De allra flesta kunderna var trogna kunder som köpte av oss löpande. Det var ofta verkstadsföretag som hade en tillverkning som tuffade på år ut och år in. Alltså långt ifrån de projektaffärer jag hade erfarenhet av från Sandvik.

Med den bakgrunden blev det lättare att förstå den upprörda stämningen när en kund försvann.

Trogna kunder på ganska nära håll gjorde att vi kände varandra väl och litade på varandra. Många intressanta och trevliga kontakter blev det med driftiga företagare som drev små och medelstora företag.

Fabrikören i Delsbo

En av de trogna kunderna var ett företag i Delsbo som tillverkade ljuskoppar.

Fabrikören var ett tekniskt snille som hade byggt upp en mycket effektiv tillverkning.

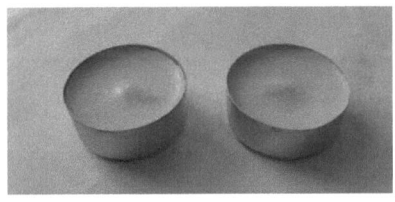 Utanför sin trygga
fabriksmiljö var han lite
otrygg och vilse. När han
t.ex. skulle besöka någon
mässa eller liknande hände
det att han ville ha sällskap.
Det fanns en person som jobbade med teknikfrågor hos oss
som hade fabrikörens förtroende. Det hände då ofta att den
personen ombads följa med fabrikören som stöd och hjälp, att
hålla honom i handen.

Det sades att fabriken i Delsbo var den största förbrukaren av
aluminiumband i Norrland och det kan mycket väl stämma.
Det går inte åt mycket aluminium i en ljuskopp men det
produceras och förbrukas en förfärlig massa.

Självklart kliade det i fingrarna på våra konkurrenter. En av
dem försökte få till stånd ett möte med fabrikören. Det gick
inte, fabrikören var inte intresserad. Till slut tog konkurrentens
representant mod till sig och åkte till Delsbo på vinst och
förlust utan att ha något möte ordnat. Han tog sig in i fabriken
i förhoppning om att kunna träffa fabrikören. Det fick han
men inte som han hade tänkt sig. Fabrikören lyfte bokstav-
ligen ut honom.

Bakom lås och bom

Ett ytterligare exempel på en kund som skiljer sig en hel del
från de kunder vi hade på Sandvik.

Gränges motsvarighet till Sandviks Stålforskning var
Aluminiumteknik, senare kallad Gränges Technology Center.
Där hade man utvecklat en variant av vägskylt tillverkad av
aluminiumband. Det fanns två kunder, en i närheten av Avesta
och en i Helsingborg. I Helsingborg hette kunden Krimprod,
närmare bestämt den tillverkning som förekom i Helsingorgs
fängelse.

En gång besökte jag Krimprod. På vägen till mötesrummer passerade vi genom verkstaden där de intagna var sysselsatta med att tillverka diverse produkter. Jag minns det som en speciell känsla.

Johnny

Ännu ett exempel på en kund av en helt annan sort än den jag hade erfarenhet av från Sandvik, nämligen Johnnys Plåt i Västergötland.

Jag har nämnt de talrika kräftskivorna man hade på "den gamla goda tiden". Helt släppte vi inte traditionen. Vi bjöd in kunderna på Industriprodukter till en årlig kräftskiva. Utöver kräftskivan hade vi något inslag där någon nyhet presenterades. Många av kunderna var golfare så det gavs möjlighet till golf också.

Sånger var inte ovanliga vid kräftskivorna. Jag hade med mig några sånger från KTH. En av dem tyckte jag speciellt mycket om. Det var en visa skriven av Pecka Norén, dåvarande professor i svetsteknik på KTH.

Den hade fyra verser och handlade om "jag" som i första versen var vacker, i andra versen rik och snille, i tredje versen stark. Fjärde och sista versen börjar så här "Men när jag vaknar till ett litet tag, i något enkelrum med galler, känner jag mig så rysligt svag, och avskyr bråk och kravaller...".

Johnny och jag uppförde den tillsammans vid kräftskivorna några år. Jag sjöng en vers, Johnny reciterade samma vers på bred västgötska etc. en vers i taget.

Fadderskap

Så här säger legenden:
Två män är sysselsatta med att hacka i ett block av marmor. Den ene ser arg och oengagerad ut. Den andre glad och energisk. Någon frågar vad de gör.

116

Den förste: "Jag hackar på det här betongblocket dagarna i ända."

Den andre: "Jag bygger en katedral".

Han hade fått veta att vad hans betongblock skulle användas till och han var delaktig.

Samma filosofi gav upphov till en idé som jag införde under en tid på Finspong Aluminium.

Som jag har nämnt hade vi trogna kunder som köpte löpande av oss. De allra flesta fanns i Sverige, d.v.s. på ganska nära håll. Vi kände dem och deras tillverkning ganska väl.

När det gällde banden vi levererade var det ofta specifika egenskaper som var speciellt viktiga, allt beroende på hur banden användes i kundernas tillverkning.

I något fall t.ex. när vi levererade plåt, var planheten speciellt viktig, i något annat fall ytkvaliteten, i ytterligare något fall tjocklekstoleransen på banden.

Vi identifierade ett antal fall där någon specifik egenskap var speciellt viktig. Då visste vi också vilket steg i vår tillverkning som var avgörande.

Till sist valde vi ut operatörer i vår tillverkning som arbetade med just de momenten. Några av dem fick erbjudande att bli faddrar åt kundföretagen. De accepterade med förtjusning och många fler var intresserade om det hade funnits möjlighet.

Faddrarna fick besöka kundföretagen (vilket operatörer i produktionen annars aldrig fick) och få en inblick i deras tillverkning. På så vis fick de mer förståelse för betydelsen av rätt kvalitet och kände ett större ansvar och engagemang för "sin" kund.

Exempelvis fanns det en kund i sydvästra Sverige som tillverkade produkter för luftbehandling. I en av deras produkter ingick mycket tunna aluminiumband. Jämn tjocklek och planhet var speciellt viktigt för att det skulle fungera i kundens tillverkning.

En operatör som körde det valsverk som gjorde de allra tunnaste banden blev fadder. Det var stort för honom. Det var kul för mig också. Jag lärde känna honom. Hans stora fritidsintresse var att tävla med hundspann i fjällvärlden!

Bilkylare

Det handlar om olika värmeväxlare i bilar. Bilkylare är viktigast och för att förstå vår affär krävs en liten förklaring först. Bilden visar en bilkylare.

Kylarvätska rinner igenom de horisontella rören. Luften som passerar genom kylaren när bilen är i rörelse kyler vätskan i rören. Mellan rören finns veckade band. De hjälper till med kylningen.

Traditionellt byggs kylaren av koppar och mässing. De många kontaktpunkterna mellan rör och veckade band löds ihop.

Det nya, som blev Finspong Aluminiums specialitet var aluminiumband i kylaren istället för koppar-mässing. Rören i kylaren är tillverkade av band som viks ihop och längssvetsas.

Den stora finessen är att de banden i själva verket består av två aluminiumlegeringar. I tillverkningen har man valsat ihop två plåtar. Plåtarna har olika kemisk sammansättning och därmed också olika smältpunkt.

Kylarna byggs mekaniskt ihop och skickas in i en ugn med en temperatur som gör att den ena komponenten smälter men inte den andra. På det viset löds kylaren ihop i en enda operation.
De konventionella koppar-mässingkylarna måste sättas ihop

118

med en stor mängd lödningar.
En stor besparing med aluminium!

Fotnot: En fabrik på samma område och granne med Finspong Aluminium tillhörde finska Outokumpu. De var världsledande på kylarband i koppar och mässing. Vi var på god väg att bli världsledande på kylarband i aluminium.

Bilindustrin är en mycket krävande kundkategori. Personer som har jobbat med exportaffärer kan ha erfarenhet av bötesklausuler för försenade leveranser speciellt om förseningar orsakar stopp i kundernas produktion. Ganska vanligt är att leveransböter utgår för varje dags försening. I bilindustrin är det inte ovanligt att böter utgår för varje minut som produktionen står stilla p.g.a. försenad leverans.

Våra kunder, framförallt i USA, krävde att vi skulle hålla s.k. konsignationslager som buffert. Konsignationslager är sådant som ägs av leverantören, d.v.s. av oss och inte av kunden. Det var ganska komplext, inte minst eftersom det handlade om många olika materialkombinationer och dimensioner. Vi hade ett stort konsignationslager i USA.

Japaner, japaner

De allra flesta kunder på band för bilkylare fanns i USA och Storbritannien. En stor del av företagen hade japanska ägare. Det var inte svårt att se skillnad mellan företagen som ägdes av japaner resp. av amerikaner eller britter. I de japanska hade alla enhetlig uniform och det var rent och snyggt i lokalerna. Några fabriker hade tagits över av japaner och skillnaden mellan före och efter var påtaglig.

Högste chefen för en av de japanska fabrikerna berättade att han brukade besöka befintliga och potentiella leverantörer. Det viktigaste för honom var att iaktta hur det såg ut i verkstäderna, hur välstädat det var. Om man inte kunde hålla rent och snyggt hade man nog inte bra ordning på annat heller.

Kris

Trots att det alltså fanns buffertlager kunde det bli problem. Speciellt allvarligt vid ett tillfälle.

En viktig enhet i bandtillverkningen är skärverk. Banden för bilkylare är smala och skärs från breda band. Affären för Finspong Aluminium utvecklades väldigt snabbt och positivt och det blev snart uppenbart att skärverkens kapacitet inte skulle räcka. Därför bestämde man att skaffa ett nytt skärverk. Men verket och igångkörningen blev försenat. Efterhand blev det kris, buffertlagren i USA började ta slut. Kunderna började skrika om varandra. Det blev ständiga omprioriteringar i produktionen beroende på vilken leverans som var mest kritisk. Mer eller mindre dagliga krismöten mellan marknadssidan, som jag tillhörde, och produktions-planeringen. Det hände att planeringschefen grät av stressen.

Att det var USA gjorde det inte lättare precis. Båtfrakter tar lång tid. Därför tvingades vi väldigt ofta ta till flygfrakter. Det var inte billigt. Den här krisen pågick flera månader och några av månaderna kostade flygfrakterna mer än en miljon kronor per månad.

Jag minns själv ett par tillfällen när jag hade bänkat mig med familjen för lördagsmiddag då jag fick telefonsamtal från någon kund i USA som satt i sjön. Jag fick störa planerings-chefens lördagsmys för att han skulle fixa fram en flygfrakt snarast.

Jag hade också det tvivelaktiga nöjet att resa runt och träffa USA-kunderna som vi hade svårt att leverera till. Det var ett gatlopp!

Kreativ produktutveckling

Att ta tillvara skrot är alltid viktigt och det gäller i allra högsta grad aluminium.
När man tillverkar aluminium från bauxit krävs väldigt mycket

energi och det är en smutsig hantering. Det är inte speciellt miljömässigt gynnsamt och dessutom dyrt.

Att tillverka aluminium från skrot är en helt annan och mycket gynnsammare sak. Därför är man angelägen om att ta tillvara så mycket skrot och rester som möjligt. För att kunna få maximal nytta av skrotet är det viktigt att man vet vad det är, vilken slags legering det är så att man vet vad man får när man smälter om. Rätt hanterat överskott och skrot är värdefullt.

Skrot från, som jag har beskrivit, tillverkning av band för bilkylare är en annan sak. Det består av två olika, hopvalsade aluminiumlegeringar med väldigt olika kemisk sammansättning och i flera kombinationer. Sådant skrot kan man inte klassa lika lätt som annat aluminiumskrot och det är därför mera svåranvänt. Säljer man det betingar det ett betydligt lägre pris än vanligt aluminiumskrot.

I Finspång såg vi till att märka skrotet från bilkylarband väl och sätta ihop flera varianter av skrotet i ett par helt nya legeringar. De nya legeringarna testades noggrant, framförallt korrosionsbeständighet. Det fick inte finnas misstankar om sämre korrosionsbestighet än för standardlegeringar.

Vi gick systematiskt igenom i vilka affärer och tillämpningar de nya legeringarna kunde ersätta de etablerade legeringarna. Det blev ett lyckokast. Istället för att säljas som mycket sekunda skrot kunde det användas i fullvärdiga tillämpningar. Det blev dessutom ett användbart miljöargument.

Vår norske konkurrent försökte sätta käppar i hjulet för oss genom att påstå att våra "nya" legeringar var sekunda och därmed sämre än de vanliga legeringarna. Men det argumentet bet inte och några år senare gjorde man något liknande som vi och marknadsförde sina nya legeringar som "gröna", d.v.s. miljömässiga.

Jobbet

Mitt jobb i Finspång påminde på ytan om det jag lämnade på Sandvik. Marknadschef med ett drygt 10-tal underställda. Här är hela gänget (inkl. ett par representanter från Danmark och Finland) som det såg ut i början.

Att jobbet blev aktuellt har en speciell bakgrund som fick sin förklaring så småningom.

Min nya chef, VD´n, hade tidigare varit marknadschef. När han blev VD efterträddes han som marknadschef av en person i marknadsorganisationen som han hade haft som underlydande. Den personen hade emellertid efter en tid bett att få kliva av jobbet som marknadschef och istället gå tillbaka till sitt tidigare marknadsjobb (som ansvarig för bilkylarbanden).

Det var det lediga marknadschefsjobbet som jag klev in på. Varför personen klev av visste jag först inte men fick så småningom klart för mig.

Det var nämligen så att marknadschefen bad att få återgå till sitt tidigare marknadsjobb eftersom han inte stod ut med att jobba direkt under VDn.

Bruksanvisning

Att det uppstår en del problem anas nu men först det jag tyckte var lite trevligare.

Vid allra första mötet med personalen lämnade jag det jag kallade bruksanvisning. Jag beskrev mig själv efter bästa förmåga, egenskaper, egenheter, vad jag gillade och inte gillade. Några punkter från testen jag hade gjort och som syns på sid 106, slank också med. Allt för att man skulle få lite ledtrådar till vad som skulle fungera bäst i relationen oss emellan.

Jag hade nytta av det, kanske hade de det också.

Problematisk företagsledning

Kort tid efter att jag hade börjat på jobbet fick jag åka tillsammans med VD till Norge. Vi skulle på ett s.k. statistical meeting. Det var ett möte mellan leverantörer av aluminiumband i Europa (däribland dotterbolag till de största aluminiumdrakarna i Nordamerika). Officiellt utbytte vi statistik men annat dryftades också konkurrenter emellan. Efter mötet med deltagarna hade vi gemensam middag.

När VD och jag skulle gå till våra rum på hotellet bjöd jag in honom på en night cap. Det var jag van vid från Sandvik-tiden. När jag och någon eller några från Sandvik hade haft middag med affärskontakter hände det att vi träffades en stund över en drink och summerade våra intryck.

Det här var annorlunda. VD blev kvar länge. Han började prata illa om andra på företaget, inte minst produktionschefen. Denne var inte värd mycket i VD's ögon. Det kändes obehagligt för mig, dels att lyssna, dels att se VD fortsätta ta drinkar. När han sent omsider bestämde sig för att gå och

123

reste sig upp föll han som en fura (han var dessutom lång) på golvet.

Han kravlade sig upp så småningom och masade sig iväg.

Inte överraskande dröjde det inte länge förrän den baktalade produktionschefen slutade. In kom istället en norsk konsult. Han var känd av Grängesledningen sedan tidigare och hade lång erfarenhet av att som konsult kliva in i olika funktioner i företag.

Det dröjde inte länge förrän den inhyrde konsulten började reagera på situationen. Han gick så långt som att beskriva VD som en psykopat. För mig berättade konsulten att han hade en hel del tidigare erfarenhet av psykopatiska chefer och att han därför hade mycket kunskap om sådana. För mig var psykopatiska chefer ett okänt begrepp men det fick mig intresserad. Jag har senare skaffat mig lite egen erfarenhet och läst en hel del om ämnet. Det har resulterat i en bilaga som kommer på slutet.

Jag vill inte vara så kategorisk att jag beskriver VD som en psykopat men visst fanns det en del av de egenskaper som karakteriserar en psykopat. Brist på empati och cynisk behandling av underställda och andra personer i beroende-ställning är två egenskaper. Social talang, inte minst gentemot överordnade är en annan egenskap.

Ett typiskt exempel är VD's behandling av produktionschefen. Hans föregångare, den tidigare produktionschefen, fanns kvar i någon konsultroll i företaget. Han var omkring pensionsåldern, hade varit med länge och var mycket erfaren. Han behandlades på ett helt annat sätt än den nye, unge produktionschefen.

När VD så småningom fick lämna företaget (vilket jag återkommer till) grät den gamle produktionschefen.

För oss som hade VD som direkt chef fungerade det inte så bra. Stämningen i ledningsgruppen var dålig. T.ex. hände det inte så sällan att när någon var frånvarande från något ledningsgruppsmöte att VD pratade om honom (det fanns inga kvinnor i ledningsgruppen) nedlåtande och sarkastiskt inför alla andra.

Efter en tid samlades ledningsgruppen på en kursgård för ett möte. Syftet var att skapa en bättre anda i gruppen. Jag minns mötet som helt misslyckat. Det vi bland annat gjorde var en test som jag senare har förstått påminde om den s.k. PAEI-testen som jag kom att jobba med under min tid som Adizes-konsult. Det beskriver jag i ett senare kapitel.

Poängen med en sådan test är att tydliggöra olika personers s.k. profil, dels för egen del, dels för gruppens del. I en arbetsgrupp är det en fördel om personerna i gruppen har olika profil. Då kan man komplettera varandra och gruppen blir därför mer allsidig och starkare. Man kan då också förstå och tolerera varandras olikheter och lära sig inse att olikheter är en styrka.

I vårt fall tolkades det emellertid inte så. Det visade sig att VD hade en profil. Vi andra hade en profil som var ganska lika oss emellan men som skilde sig från VD's. Hans slutsats var att problemen i vår grupp var att vi andra inte hade samma profil som honom!

Missad möjlighet?

Under den här tiden i Finspång, så länge den förste VD'n var kvar, kändes det som att jag hade hoppat i galen tunna.

Då, vid ett tillfälle åkte jag till Sandviken för ett evenemang som ägde rum en gång om året, första torsdagen i februari. Jag, tillsammans med många nuvarande och tidigare Sandvik-anställda, är medlem i en lustig sammanslutning som heter Ärtsoppsorden. En, inte alltför gravallvarlig, samling som "högtidlighåller minnet av Erik den XIV's tragiska frånfälle".

En av de personer jag kom i samspråk med var Å, som jag kände väl sedan åren på Sandvik. Han bjöd in mig till sitt kontor på fredagen, dagen efter det s.k. Kapitlet. Å var chef för en av Sandviks divisioner med enheter på några ställen, inte bara Sandviken. Eftersom han bjöd in mig hoppades jag att han kunde ha något jobbalternativ inom Sandvik att visa upp. Han kände ju i stora drag till hur jag upplevde min jobbsituation just då.

Med en liten förhoppning tog jag mig till hans kontor. Efter att vi hade kallpratat en liten stund klev B in på Å's kontor. Å var B's chef. B och jag kände varandra från tidigare jobb inom Sandvik men hade inte träffats på flera år. B tyckte det var kul att träffas och slog sig ner och blev kvar en god stund. Det slutade med att Å måste ge sig iväg på något möte.

Jag kände mig lurad på konfekten. Hade Å och jag inte hunnit komma till vårt egentliga ärende?

Jag hade väl kunnat ringa honom veckan efter men om vad? Jag var ju inte säker på om han hade något speciellt ärende överhuvudtaget. Han hörde inte av sig heller, kanske tyckte att bollen låg hos mig.

Tanken slår mig ofta. Vad hade hänt om inte B hade kommit och "tagit över" mötet?

Det kan vara ett exempel på när en liten händelse får stor och avgörande effekt på hela tillvaron därefter.

Men det kan också ha varit så att jag var påverkad av min situation och hoppades på något som överhuvudtaget inte var på tapeten.

Chefskarusellen

Tillbaka till Finspong Aluminium.
Grängesledningen var inte alls insatt hur det verkligen såg ut hos oss. De tyckte nog att VD fungerade helt OK. Han var dessutom en gammal bekant som sedan länge och hade en social förmåga som ledningen säkert tyckte om. Inhuman behandling av underställda är typiskt för chefer med

psykopatiska drag och ses ofta av högre chefer som hjandlingskraft.

Sent omsider insåg ändå Gränges-ledningen att det inte kunde fungera längre. Man flyttade undan VD och satte produktionschefen, den norske konsulten, i hans ställe. Vad hände med den degraderade VD'n? Jo, han fick ta en del av marknadsansvaret. Jag fick därför lämna över en del av mitt tidigare ansvar till honom. Dessutom fick ju den tidigare VD'n rapportera till den nye VD'n, den som han fram till dess hade haft som underställd! Ombytta roller. Är det någon som tror att det blev bra?

Självklart inte. Det dröjde heller inte speciellt länge förrän förre VD'n försvann och startade egen verksamhet. Den norske konsulten försvann också så småningom och man satte in en VD från ett annat Gränges-företag. Då först blev det väsentligt mycket bättre och så förblev det under flera år.

Sedan bestämde sig Grängesledningen att dela företaget i två olika företag. Den del jag tillhörde fick en ny VD som man hade hämtat i Electrolux-koncernen. Han var en ung streber som hade en bakgrund som en internationellt mycket framgångsrik kampsportare. Ryktet sade att han inte alls var omtyckt i tidigare jobb. Något sådant hann jag själv inte uppleva eftersom jag precis hade hittat ett nytt jobb. Mer om det i nästa avsnitt.

Senare hörde jag från en tidigare medarbetare att man betraktade den nye VDn, strebern, som en psykopat. Det kan jag inte ha någon bestämd uppfattning om men är inte förvånad. Jag hade i alla fall hunnit se lite av honom innan jag slutade och är tacksam för att jag inte behövde ha honom som chef.

Svag koncernledning

Det kan vara ett av exemplen på att Gränges-ledningen fascinerades av personer som föreföll handlingskraftiga. De negativa sidorna brydde man sig inte om eller hade ingen kunskap om.

Det framgår klart att jag inte är imponerad av Gränges-ledningens agerande. Här är ytterligare ett exempel. Det skall sägas att ledningen för Grängeskoncernen hade sitt kontor i Mörby, norr om Stockholm och det var väl inte alltför vanligt att vi såg till personer från Grängesledningen i Finspång.

Men den i ledningen som närmast chefade över Finspång-verksamheten gjorde emellanåt strandhugg i Finspång. Han hade ibland fått någon idé om management som han förmodligen hade läst om i någon bok. Då samlade han alla som hade någon form av ledande befattning och det blev ganska många. Han gick igenom teorin i syfte att införa tänket i organisationen. Sedan åkte han hem och kanske trodde att idéerna skulle slå rot efter hans lysande presentation. Men inget hände, ingen uppföljning och ingen brydde sig.

Koncernchefen påstods vara en aktiv anhängare av Ian Wachtmeisters parti "Ny Demokrati". Man skall väl inte döma ut en person enbart av den anledningen men lite säger det i alla fall.

Begränsat urval

Som avslutning på Finspångperioden ett par anekdoter som har (nästan) inget med jobbet att göra, snarare orten Finspång.

En kollega berättade att han hade besök av ett par affärskontakter från Frankrike. Man skulle äta middag på hotell de Geer (finns inte så många alternativ).

Eftersom gästerna var fransmän tyckte min kollega att han skulle ge dem möjlighet att välja vin från vinlistan. Men kyparen kunde inte lämna någon vinlista. Han tvingades berätta att det inte fanns annat än husets vin. Chefen jobbade inte den kvällen. Han litade inte på sin personal så han hade tagit med sig nyckeln till vinkällaren.

En golfanekdot

Till sist en anekdot som i bästa fall är endast för golfnördar.

När jag höll på med det här bokprojektet såg jag golftävlingen Solheim Cup på TV, en tävling mellan USAs och Europas bästa golfdamer. Där skymtades en av ledarna för det europeiska laget, Laura Davies. Hon var på sin tid en legendarisk spelare, känd för att slå vilt och långt.

Lotta Neuman, född och uppvuxen i Finspång, var på sin tid en av de bästa spelarna i världen.. Vid ett tillfälle hade hon bjudit in tre av världens bästa spelare, däribland Laura Davies.

På kvällen hade man ordnat en bättre middag på Finspångs slott. Inbjudna var personer från företag och verksamheter i Finspångstrakten, företrädesvis personer med golfanknytning skulle jag tro. Jag var inbjuden och hade nöjet att sitta vid samma bord som Lotta Neumans föräldrar, optiker Neuman med hustru.

Konferencier vid middagen var Bosse Parnevik, utklädd till, och imiterande, kung Carl XVI Gustaf.

Från golfdamernas uppvisningsrunda berättades det att Laura Davies hade slagit ett kolossalt långt utslag på banans 7:e hål. Det var så anmärkningsvärt att klubben sedan hade placerat en platta i marken där bollen hade stannat. Det har jag trott i alla år.

På sidan 11 har jag berättat om en brusten illusion i samband med Sandviks 100-årsjubileum. Vis av skadan kontaktade jag Finspångs golfklubb för att få bekräftelse på plattan som markerar Laura Davies utslag. Det finns ingen platta! Ytterligare en brusten illusion, nu efter ca 25 år!

Imperiet

En dag dök det upp en jobbannons.

Svenska Aluminiumkompaniet är äldst i aluminiumbranschen. Men piggast. Stål, rostfritt och tungmetaller ingår i sortimentet. Stor satsning på vidareförädling till kundanpassade ämnen och komponenter. 80 MSEK årsförsäljning och 28 anställda.

SÖKES VD för Svenska Aluminiumkompaniet

1985 — 1997

JAG SÖKER VD TILL SVENSKA ALUMINIUM KOMPANIET

JAG OCKSÅ!

Det händer att historien upprepar sig

1985 fann jag Stig Gustafsson. Idag är han VD för hela The Empire. 1997 söker vi tillsammans en marknadsorienterad, kunnig, arbetsvillig, glad och trevlig affärsman och coach. Erfarenhet från handel och verkstadsindustri utgör ingen belastning! Rätt man förstår ju själv vad som krävs.

Svara direkt till

The Empire AB, Salviigränd 1, 111 28 Stockholm. Märk handlingarna "You better be good". I värsta fall kan Du ringa oss.

Ian Wachtmeister
Ordf. The Empire AB
Tel 08-24 00 85

Stig Gustafsson
VD The Empire AB
Tel 08-18 56 00

Den var ganska typisk för personen ifråga. Där man i en jobbannons brukar beskriva önskade egenskaper hos den sökande står bara "den som söker vet vad som erfordras".

Svenska Aluminium-kompaniet var ett av bolagen i den lilla koncernen med det anspråksfulla namnet The Empire. Också det ganska typiskt för Ian Wachtmeister. Han brukade beklaga att man inte hade något engelskt dotterbolag. Då hade det fått namnet The British Empire!

Den direkta bakgrunden till jobbannonsen var att den dåvarande VDn för Aluminiumkompaniet skulle efterträda Ian W som koncernchef för The Empire. (koncernchef kan låta lite pretentiöst, The Empire var ett av börsens minsta bolag).

Ian W hade ju en bakgrund som partiledare och riksdags-
ledamot för Ny Demokrati.

Nu skulle han göra ett nytt försök med partiet som säkert inte
många minns, Det Nya Partiet. Den här gången fick han ingen
uppmärksamhet och man fick väldigt få röster i valet och
partiet försvann därefter snabbt.

Jag sökte jobbet. Efter en tid kontaktade jag VDn som skulle
efterträda Ian E som koncernchef och frågade honom om
jobbansökningarna och hur och när man skulle ta itu med
dem. Han svarade ungefär så här: "Det börjar med att Ian
kastar bort hälften av ansökningarna. Man vill ju inte anställa
någon som för otur med sig!" En typiskt uttalande från Ian.

Efter en tid blev jag inbjuden till Ians kontor i Gamla Stan i
Stockholm för en intervju och för att tala om jobbet. Kvällen
samma dag skulle den nye VDn på Finspong Aluminium,
"strebern", bjuda på middag och första gången träffa sina
närmaste underlydande. Jag åkte från mötet med Ian i
Stockholm och hann precis i tid till middagen i Finspång. Då
var jag ganska säker på att jag skulle få jobbet på Svenska
Aluminium-kompaniet men kunde inte säga något och inte
heller var jag hade varit under dagen. Någon dag senare fick
jag definitivt besked om det nya jobbet.

Verksamheten

Aluminiumkompaniet hade sin verksamhet i Stockholm och
ett litet kontor i Växjö. Lilla koncernen The Empire hade
verksamhet även i Göteborg, Malmö och Västerås.

Kontoret i Växjö bestod av två säljare. Alla säljare i företaget
hade tjänstebil. Den ene av säljarna i Växjö ville inte nöja sig
med den vanliga nivån på tjänstebil. Han förhandlade sig till en
Mercedes som förstås hade högre förmånsvärde än de
konventionella märkena. Det blev dyrare för honom men det
tyckte han säkert den högre statusen var värd. Men det var inte
okomplicerat. Många av kunderna var verkstäder drivna av
idoga, sparsamma smålänningar. Hos några av dem ville han

131

inte visa upp sin Mercedes. Det kunde ge ett felaktigt intryck. I sådana fall parkerade han något kvarter bort vid sina kundbesök.

Verksamheten i Stockholm fanns i Årstavik, i närheten av Liljeholmen. Den bestod av ett kontor med ett drygt 10-tal personer som jobbade med försäljning, ekonomi och administration.

Några hundra meter därifrån fanns lager och produktion, också med ett drygt 10-tal personer. Där fanns alla möjliga produkter i aluminium, stål, koppar, mässing. En del tillverkning förekom; sågning, kapning, vattenskärning.

Kunderna fanns huvudsakligen i Mälardalen. Vi hyrde in två lastbilar som dagligen körde ut produkterna till kunderna. En av lastbilschaufförerna var en gladlynt, trevlig person som ömmade mycket för sin familj (han hade gjort en egen hemsida där han visade upp familjen). Med sitt sätt och sin inställning vill jag tro att han var en mycket fin familjefar. Men han hade inget som helst ordningssinne. Man ville helst inte titta in i hans lastbil, så stökigt var det. En gång ville han få lastbilen undersökt. Det var något fel som gjorde att han inte kunde få upp hastigheten tillräckligt mycket. Tack och lov hann någon på lagret hitta felet innan han körde till någon verkstad. En av barnens leksaker låg under gaspedalen!

Pjär

En gång behövde vi anställa en person på lagret. Personen skulle syssla med kapning av rör, stång och profiler. Vi gick ut med en ansökan och fick några svar. En av personerna, Pierre, verkade mest intressant. Eftersom han skulle jobba på lagret behövde förmannen, chefen, på lagret träffa och godkänna honom. Jag var lite bekymrad. Pierre var väldigt tatuerad, långt upp på halsen t.ex. Han hade ringar i näsa och öron, långt hår med hästsvans. Förmannen på lagret var en äldre, konservativ man som strax skulle gå i pension. Jag var rädd för att han inte skulle gilla Pierre p.g.a. hans (för en gammal man) kanske utmanande yttre.

Dagen de skulle träffas var jag bortrest på annan ort. Förmannen ringde mig under dagen efter att han hade träffat Pierre och sade "honom vill vi ha". Han gillade honom. När Pierre så småningom skrev under något papper i samband med anställningen såg vi att han i själva verket hette Pjär.

Senare på året, framåt jul tror jag, bjöd Empire in till en fest någonstans i utkanten av Stockholm. Eftersom många inte kände varandra ordnade vi namnskyltar till alla att bära med sig synligt. Efter festen, på väg till våra transportmedel råkade jag gå en stund bredvid Pjär. Han berättade med stolthet att det här var första gången under sitt vuxna liv som han hade haft en namnskylt! Det var stort för honom.

Slutet

Den förre VDn för Aluminiumkompaniet, den som efterträdde Ian W som chef för The Empire tröttnade efter en tid att sitta på huvudkontoret i centrala Stockholm. Han var den sortens person som inte passade för att försöka samordna en verksamhet mellan flera bolag. Han tyckte om att handgripligen sköta inköp av produkter till lagret och att göra sig ärenden dit varje dag och snacka med personalen. Efter en tid lämnade han The Empire.

Då bestämde man sig för att slå ihop företagen i The Empire. Istället för att basa över verksamheten i Aluminiumkompaniet skulle jag få ansvar för ett antal frågor inom koncernen, t.ex. kvalitet, samordning av inköp, kontors- och lokalfrågor. Det var bland annat aktuellt så småningom med en flytt av verksamheten till nya lokaler. Jag fick en person i Göteborg till mitt förfogande.

För mig var det inte alls vad jag ville ägna mig åt. Jag fick ju nästan inget direkt personalansvar som jag hade haft tidigare och det var just det som jag var mest intresserad av.

Jag har tidigare skrivit att jag hade haft en chef med vissa psykopatiska egenskaper.

Hos Aluminiumkompaniet hade jag en underställd som jag i efterhand på liknande sätt vill påstå hade vissa psykopatiska egenskaper.

I samband med omorganisationen kom han inte längre att rapportera till mig. Då kom hans dåliga egenskaper fram. Så länge jag var hans chef märkte jag inget personligen. Han var den som mer än någon annan kom in till mig och diskuterade allt möjligt. I efterhand har jag tvingats inse att hans sämre egenskaper märktes redan då i kontakten med hans egna underställda och andra som han inte var beroende av. Han var en ganska framgångsrik säljare och jag, i likhet med många andra, såg hans mindre empatiska beteende som handlings-kraft. Trots att jag hade egen erfarenhet från tidigare och läst en hel del om psykopatiska beteenden i näringslivet så gick jag i fällan.

För mig ett typiskt exempel på en människa med psykopatiska egenskaper med utvecklad förmåga att dupera på ett trovärdigt sätt.

På egna ben (2000-2015)

Mina sista månader inom The Empire var en plåga. Mitt intresse, som sagt, var att jobba med ledarskap och personal. Den nya organisationen och de ansvarsområden jag hade fått intresserade mig inte ett dugg. Varken för mig eller företaget var det någon bra situation så till slut kom vi överens om att "gå skilda vägar".

Jag tillbringade därefter en tid hos ett s.k. outplacement-företag. Det var en lugn och rätt så skön tid. Jag fick möjlighet att tänka igenom vad jag ville göra.

Det slutade med att jag hittade en verksamhet som jag tyckte hade en så pass intressant filosofi att jag hoppade på.

Adizes

Verksamheten hette Adizes. Det var ingen anställning för mig utan jag blev ansluten konsult. Det innebar att jag inte fick någon lön utan fick arvode för uppdrag hos kunder. I början fick jag bistå äldre konsulter på deras uppdrag men därefter fick jag fixa uppdrag själv.

Adizes var en organisation med säte i Santa Barbara, Kalifornien. Man hade anslutna konsulter i många länder. På nära håll fanns det 4-5 konsulter i vardera Sverige, Danmark och Norge samt någon i Finland.

I Sverige leddes verksamheten av en äldre konsult som hade tillhört Adizes länge och var specialist på metodiken. Han var en i "innegänget" som samlades kring gurun Ichak Adizes.

Allt som allt fanns det Adizeskonsulter i många länder. Man brukade samlas för konferens varje sommar på olika ställen. Jag deltog en gång på en sådan konferens som ägde rum i Ottawa, Kanada.

Här många en bild från konferensen. Inte alla, men de flesta är
Adizeskonsulter. Några hade familjemedlemmar med på
konferensen.

Gurun

Grundaren Ichak
Adizes (mannen till
vänster!) som
fortfarande ledde
verksamheten på min
tid föddes i dåvarande
Jugoslavien 1937. Han
är jude men gömde sig
som muslim i Albanien
under andra
världskriget. Efter kriget flyttade han med familjen till Israel
där han tjänstgjorde inom försvarsmakten. 1963 emigrerade
han till USA, blev professor vid UCLA och andra universitet.
Grundade så småningom Adizes Institute.

Metodiken som Adizes skapade var väldigt väl genomtänkt
med flera starka delar. Enligt min uppfattning finns det en hel

del som många skulle kunna ha nytta av. Ett av avsnitten i metodiken (PAEI) beskriver jag strax. Andra avsnitt beskriver jag i en bilaga vid slutet av berättelsen.

Gurun själv är en mycket speciell person. När han själv framträder är det många som fascineras av hur han förklarar och använder sin metodik. Andra däremot upplever honom som egensinnig och arrogant. När det var interna övningar inom Adizes nätverk brukade man vara noga med att följa metodiken. Den som kunde tillåta sig att göra avsteg var gurun själv.

En legosats från helvetet

En gång hade Ichak Adizes ett uppdrag hos företaget Body Shop. Grundaren är Anita Roddick. Hon och hennes make bestämde sig en gång för att ta in Ichak Adizes som konsult. Anitas make kom bra överens med Adizes men det gjorde inte Anita. Hon skrev efteråt en berättelse "A Lego set from hell" (En legosats från helvetet). Där beskriver hon metodiken och den egensinnige Ichak Adizes på ett mycket ironiskt sätt.

Verksamheten

Det som lockade mig var den mycket spännande synen på verksamhetsutveckling. När jag väl kom igång och lärde mig metodiken bestod det positiva intrycket. Det fanns mycket som var smart och genomtänkt.

För egen del hade jag en intressant tid med några uppdrag där jag kunde använda mig av den metodik som jag fick lära mig och bli certifierad i.

Trots att metodiken var väldigt bra tyckte jag så småningom, när jag hade fått mer erfarenhet, att jag kunde ta till lite genvägar utan att resultatet skulle bli lidande. Jag kunde se att seniorkonsulten som ledde Sverigeverksamheten själv gjorde smärre avsteg från metodiken. När jag tog upp mina synpunkter på var man kunde göra undantag möttes jag av oförstående. "Vi som har varit med länge och känner Ichak Adizes vet hur han tänker". Det var inte tal om att jag skulle använda mitt sunda förnuft och ta genvägar.

Det ena gav det andra och det blev allt tydligare att de äldre konsulterna hade en rigid inställning och flockades kring gurun Adizes. Till slut kändes det bäst att lämna verksamheten.

Det finns flera inslag i metodiken som fler verksamheter skulle kunna ha nytta av. Därför beskriver jag dem i en separat bilaga på slutet. Ett inslag, PAEI, tar jag emellertid upp här eftersom jag berättar om en personlig erfarenhet.

I många uppdrag som jag har haft under åren har jag haft möjlighet att använda inslag i metodiken. Några uppdrag har varit renodlade Adizes-uppdrag och de berättar jag lite om i slutet av det här avsnittet.

Metodiken beskriver jag som sagt i bilaga 2. En del, PAEI, beskriver jag här med ett självupplevt exempel.

PAEI

PAEI står för:

P = *Produceraren*. Vill ha saker och ting utförda.
A = *Adminstratören*. Vill att saker skall göras på rätt sätt.
E = *Entreprenören*. Hittar gärna kreativa lösningar.
I = *Integreraren*. Vill att alla skall vara delaktiga.

Det är ett, mycket förenklat, sätt att beskriva människors egenskaper. Det finns många varianter på samma tema men PAEI är Adizes variant.

Experter inom psykologi och andra fack brukar förkasta dylika verktyg som ovetenskapliga och avråder från användning, t.ex. i samband med rekryteringar.

Ovetenskapligt, javisst, men använt på rätt sätt kan det vara ett bra verktyg.

Hos Adizes finns en enkel test där man får besvara ett antal påståenden. Resultatet blir en profil där P, A, E och I får olika vikt. Vanligast är att en eller två av bokstäverna/egenskaperna överväger.

För egen del är jag övervägande P med inslag av I. Det innebär att jag drivs av att komma fram till resultat men inte utan att alla är med på tåget. En inte nödvändigtvis alltför vanlig kombinaion.

Ichak Adizes själv är en motsats till mig. Han är en utpräglad E-person med drag av A. En ännu ovanligare kombination. E står för den kreativitet som ligger bakom att han har skapat Adizes-programmet. Samtidigt är det mycket detaljerat och strukturerat, d.v.s. inslaget av A.

Vi inom Adizes kände till våra resp. profiler rätt så väl. Vid nästan alla externa uppdrag använde vi PAEI på deltagarna så att de också fick sin egen profil samt vetskap om varandras profil (att visa sin profil för andra var frivilligt men nästan alla gjorde det).

Det fanns flera fördelar:

- Insikt om sitt eget agerande och inställning till olika situationer och omständigheter.
- Förståelse för andras beteenden och förhållningssätt. Det förde med sig ökad tolerans för olikheter.
- Vid sammansättning av arbetsgrupper. Personer med olika perspektiv bidrar till att frågeställningar blir allsidigt belysta.

För att få möjlighet att arbeta med allt fler delar i Adizes-metodiken krävdes certifiering. Jag deltog en gång i en kombinerad utbildning och certifiering i Santa Barbara, Kalifornien där Adizes högkvarter ligger.

Programmet pågick i ganska många dagar. Vi bodde då på ett hotell och lokalen där vi tillbringade dagarna låg ganska långt därifrån. Vi var fyra personer som delade bil alla dagarna, tre svenskar och en dansk. Till vår hjälp för att hitta hade vi en provisorisk karta. Det var inte alls uppenbart vilken väg man skulle ta, det fanns några alternativ.

Micke körde, jag satt i passagerarsätet fram. I baksätet satt Jan och dansken Lasse. Micke och jag kom överens de första dagarna vilka vägar vi skulle välja. Efter några dagars tystnad öppnade dansken Lasse munnen. Han ifrågasatte varför inte alla hade blivit involverade i hur vi skulle åka.

Efteråt diskuterade vi vad som hade hänt. Vi kände ju till varandras resp. PAEI-profiler. Jag och Micke i framsätet tycktes vara överens och tänkte inte på dem i baksätet så länge de inte protesterade. Men Micke och jag hade olika skäl. Jag med P-profil ville hitta den snabbaste vägen så att vi kunde åka den vägen de resterande dagarna. Micke som hade E-profil ville utforska olika alternativ mest av nyfikenhet. Det var inte så viktigt att hitta snabbaste vägen på en gång. Lasse i baksätet hade I-profil och stördes av att vi inte alla hade pratat ihop oss. Men det tog ett par dagar innan han sade något. Jan som hade A-profil sade inget utan tyckte nog att han inte behövde lägga sig i så länge vi inte gjorde något direkt fel.

Uppdrag

Regeringskanslitet

Som färsk på Adizes fick jag assistera en äldre kollega på ett uppdrag med Regeringskansliets IT-avdelning. Det var ingen liten grupp människor kan jag intyga. En intressant första erfarenhet av Adizes-metodiken.

Konflikt moderbolag-dotterbolag

Den här verksamheten hade tillhört SJ och ägnade sig åt spårbundna frakter av varor inom Europa. Organisationen bestod av ett moderbolag i Stockholm och flera små dotterbolag i Europa.

Det var en uppenbar konflikt mellan moderbolaget och dotterbolagen. Dotterbolagen tyckte att man var tröga och byråkratiska på huvudkontoret medan man på huvudkontoret tyckte att man var väl otåliga och aggressiva på dotterbolagen.

Vi genomförde en Diagnos med företaget. Hur en sådan går till förklaras närmare i bilaga 2, "Mer om Adizes-metodiken". Ett verktyg som brukar användas är Livscykeln (som också förklaras i bilaga 2). Den ger en förenklad bild som visar de olika stadier ett företag kan befinna sig i. Vid vår övning kunde vi placera in företaget på livscykeln på ett sätt som alla kunde begripa. Vi kunde då konstatera att huvudkontoret befann sig i Aristokrati och dotterbolagen i Ungdom. Det är en stor skillnad.

Aristokrati innebär att man har skaffat sig en ganska bekväm tillvaro med inslag av byråkrati och ovilja att ta till sig nya idéer.

Ungdom innebär tvärtom utrymme för nya idéer, motstånd mot tröga rutiner.

När deltagarna väl förstod hade de skaffat sig bättre möjligheter att göra något åt det.

Researrangören

Här handlar det om en världsomspännande organisation som sätter ihop hela program för grupper av personer som besöker ett land eller har en rutt där man besöker flera länder. Man tar hand om allt som har med bokningar och program att göra, hotellbokningar, resprogram, sevärdheter m.m.

Jag hade lärt känna VD'n för den svenska verksamheten. Organisationen i Sverige bestod av ett 20-tal personer från många olika länder.

Vi genomförde en Diagnos på ett hotell i Stockholm. En Diagnos brukar ta två hela dagar. Vid slutet av dag ett brukar man ha tapetserat mötesrummet med en stor mängd pappersark. Där finns alla noteringar som har samlats upp under dagen. I normala fall hinner man inte mer första dagen. Dag 2 för man över alla noteringar på mindre lappar som man sedan ordnar i logiska grupper vilka man sedan jobbar vidare med.

Vid det här tillfället hade vi lite tid över på kvällen dag 1 så vi hann göra nästa moment, d.v.s. att föra över noteringar till de mindre lapparna.

När vi kom till mötesrummet morgonen efter var alla stora ark borta trots att vi hade markerat tydligt att de inte fick tas bort. Via receptionen på hotellet försökte vi få tillbaka arken men de var försvunna. Någon som städade på kvällen hade helt enkelt slängt arken.

Det här var enda tillfället av alla som jag deltog i under Adizestiden där vi dag 1 hann föra över noteringarna från de stora arken till de mindre och gjort oss mindre beroende av alla osorterade noteringar.

I normala fall hade det inneburit att en hel dags arbete för mer än 20 personer hade varit helt bortkastat. Hade vi haft tid och ork att göra om det? Inte då i alla fall och kanske aldrig.

Den här gången hade vi tur… eller var det något annat?

Företag som djur

Jag var med Sverigechefen på ett uppdrag hos ett företag. Det var uppenbart att man hade problem i företaget men det var ett känsligt ämne och svårt att föra en konstruktiv diskussion. Då kom idén upp att jämföra företaget med djur. Alla som deltog i mötet fick välja ett djur som man ansåg skulle representera företaget. Sedan fick var och en förklara genom att beskriva djurets egenskaper. Synpunkterna och kritiken mot företaget kom då fram på ett lite omskrivet och mindre dramatiskt sätt än annars. Kritiken kunde t.o.m. bäddas in i humor.

Coaching

Utveckling

Under Adizestiden väcktes ett intresse för coaching. Coaching var något som jag mest förknippade med att leda lag i olika idrotter. Det här var något lite annorlunda och var inriktat, i alla fall för min del, mot personer i näringslivet. En idrottscoach var och är nästan alltid en person som har varit aktiv och kan sporten/idrotten ifråga. Han/hon använder sin erfarenhet när idrottare och lag coachas.

Den coaching jag avser här bygger inte på att man måste ha en egen erfarenhet av den aktuella verksamheten utan att man genom att fråga och lyssna lockar fram det som andra har inombords och som på så sätt kan skapa medvetenhet.

Omkring årsskiftet 1999/2000 kom jag i kontakt med en person i Lund som hade utbildat sig som coach och som inspirerade andra. Den utbildning han hade gått fanns hos en skola i USA som hette Coach University.

Den hoppade även jag in på.

All utbildning skedde på distans. Det fanns en stor mängd ämnen som skulle klaras av innan man fick någon certifiering. Varje ämne bestod av ett antal kurstillfällen, vardera på ca en timme. Man antecknade sig på tider som passade en själv. Sedan genomfördes kurspassen i form av s.k. teleklasser. Det var ett slags virtuella klassrum med en lärare och 20-25 deltagare från stora delar av världen och som deltog via telefon. Det var betydligt effektivare än man kanske kan tro.

Min utbildning pågick i bortåt två år med ett par kurstimmar i veckan.

Under tiden började det uppstå grupper av coacher här och var i de nordiska länderna. I Stockholm och Mellansverige var vi ett gäng på ett 10-tal personer som träffades emellanåt och utbytte erfarenheter.

Ganska snart bildades en organisation som hette Nordic Coach Federation (NCF) och coacherna i de nordiska länderna anslöt sig efterhand. Man hade årsmöten, bl.a. ett vid Holmenkollen i Norge som jag deltog i.

NCF utvecklades och kom så småningom att ingå i den internationella organisationen International Coach Federation (ICF).

Initiativtagaren i Lund plus några till i södra Sverige samt jag och en kollega i Stockholm bildade så småningom *Scandinavian Executive Coaches (SEC)*. Vi utbytte erfarenheter och hjälpte varandra in på uppdrag. Vid något tillfälle var flera av oss involverade i samma företag. Inte tillsammans utan vi hade var sin person som vi coachade.

SEC upphörde efter några år när vi drog åt lite olika håll. Ett av de koncept vi hittade på och som vi tillämpade under SEC-tiden och en tid efteråt kallade vi *skuggcoaching*. Det använde vi oss av när någon av oss stod inför en uppgift som kunde vara komplex och inte självklar. Då hade vi ett möte, mestadels på telefon eftersom vi bodde långt ifrån varandra (Stockholm, Skåne, Halland). Två av oss fungerade som skuggcoacher till den tredje. På så vis kunde den personen lättare få perspektiv och hitta sätt att hantera situationen.

Min SEC-kollega i Stockholm var AC. Hon och jag hade efter SEC-tiden ett bra samarbete i flera år. Vi gjorde några gemensamma uppdrag. Mer om det senare.

Utbildningen och erfarenheterna från alla coachsammanhang har jag haft nytta av senare också även om jag inte nödvändigtvis har kallat mig coach.

Jag tycker begreppet coaching har urvattnats en hel del. Med tiden har det uppstått coachingverksamheter med alla upptänkliga inriktningar och det har vuxit fram coachingutbildningar även i Sverige och med inte alltid så imponerande kvalitet.

Ett exempel med blandat resultat var de s.k. jobbcoacherna som under Arbetsförmedlingen kom på banan för ett antal år sedan. Man coachade personer som stod utanför arbetsmarknaden. Även jag hade några sådana uppdrag, några OK och några nästan omöjliga. Under den här tiden kunde jag också från sidan se jobbcoachingverksamheter med högst tvivelaktigt innehåll. Jag tycker inte att det sköttes tillräckligt seriöst.

Uppdrag

Här beskriver jag några av de uppdrag som jag har haft som coach. Vad jag själv har gjort låter sig inte så lätt beskrivas och är inte så viktigt heller. Som coach fungerar man mestadels som ett slags bollplank. Den som coachas får möjlighet att diskutera idéer och kan också få frågor och utmaningar att hantera, allt för att få en tydligare bild av sin roll och hur bäst hantera sin situation.

Coaching har varit inslag i flera uppdrag. En del av uppdragen finns under andra avsnitt. Här några exempel som har varit ganska renodlade coachinguppdrag.

Marknadschefen som skulle rättas till

Staffan var marknadschef i ett företag som tillverkade industrifärg. Jag hade träffat företagets VD vid något tidigare tillfälle och vi hade lärt känna varandra lite grann.

Staffan hade kommit på kant med ett av företagets dotterbolag. VD stod mer på dotterbolagets sida och tyckte att Staffan borde få hjälp att ändra sitt beteende. VD bad mig jobba med honom. Jag insåg rätt snart att VD inte såg mig i någon roll som coach. Han visste att jag hade varit marknads-

145

chef i några företag. Det var den erfarenheten han tänkte att jag skulle använda. VD ville att jag skulle tala Staffan till rätta.

Ganska snart framgick det att Staffan inte alls var syndabocken i relationen med dotterbolaget. Det ämnet kunde vi begrava snabbt. Istället kom vi att tala om helt andra saker som hade med hans roll som chef att göra.

Efter en tid slutade Staffan. Hans pappa ägde ett företag som sålde maskindelar. Han skulle trappa ner och ville att Staffan skulle ta över efter honom. Min kontakt med Staffan levde kvar och det dök upp nya uppgifter i det nya företaget. Mer om det på annat ställe.

Rymdverksamhet

Låter exotiskt men trots allt jordnära. Företaget ägnade sig åt produkter inom rymdteknik. Personen Olle som jag coachade var marknadsansvarig. Företaget hade fått stora, lönsamma order och Olle upplevde att det hade blivit lite väl bekvämt. Han behövde hitta nya utmaningar och jobba med sitt ledarskap.

Logistikgurun

LG jobbade med logistik hos ett företag som sysslade med spårburna godsfrakter. Han kände sig obekväm med hur ledarskapet fungerade i företaget. LG och jag hade regelbundna möten över telefon en längre tid. Vi träffades nästan aldrig fysiskt. Det kan förefalla opersonligt men coaching genom telefon fungerar mycket bättre än man kanske föreställer sig. Det har också med tiden blivit alltmer vanligt.

I samband med att våra samtal upphörde slutade LG sin anställning och startade eget företag inom logistik. Hans kunder var verksamheter med stora varulager.

Affärsidén var intressant. Hans företag erbjöd kostnadsfri utvärdering av kundernas lagerhantering. Det var naturligtvis lockande för kunderna eftersom det inte behövde kosta dem något såvida man inte tjänade på det själva. Om/när utvärderingen resulterade i besparingar utan försämring av leveranssäkerheten fick LG's företag betalt som en del av kundernas besparing.

Den omvände

Robert var en av de drivande vid bildandet av en verksamhet som erbjöd rådgivning till företag och privatpersoner som placerade pengar i pensionssparande. Det man erbjöd var placeringsråd som skulle ge bra avkastning på pensionssparandet. Avgiften bestod av en liten procentsats på det sparade beloppet.

Den procentuella avgiften uppfattades som så liten att den nästan tycktes sakna betydelse så länge som avkastningen på de placerade pengarna var bra. Det man inte så noga tänkte på var att den procentuella avgiften togs ut varje år på hela det sparade beloppet. Avgiften i pengar räknat ökade år efter år och blev med tiden väldigt mycket pengar. Den som tog sig tid att räkna kunde inse hur orimligt det blev men det var inte många som räknade.

Robert berättade att de (nästan utan undantag unga) personerna som jobbade i verksamheten tjänade väldigt mycket pengar. En detalj han nämnde var att många av dem handlade väldigt dyra märkeskläder i en speciell butik i Stockholm.

En av dem som hade tjänat väldigt mycket pengar var Robert själv. Han fick med tiden emellertid dåligt samvete och ville inte fortsätta på samma sätt.

Han startade istället ett nytt företag med ett helt annat upplägg. Avgiften för placeringsrådgivning var inte en årlig procentsats på hela sparandet utan ett engångsbelopp inledningsvis. Det blev dyrare i början men betydligt billigare på längre sikt.

Det var lätt för Robert att visa skillnaden mellan alternativen och att det var gynnsammare för kunderna. Upplagt för framgång skulle man kunna tro men så lätt var det inte.

Han var nämligen starkt förknippad med tidigare upplägget som han hade marknadsfört intensivt. Därför var han inte så väl sedd hos flera av de tilltänkta kundföretagen. De hade känt sig förda bakom ljuset av honom. Det var nog självkritik hos kundföretagen också. De hade köpt ett upplägg som de inte riktigt hade satt sig in i.

Uppförsbacke för Robert alltså. Han behövde hålla sig i bakgrunden och istället ta hjälp av andra. Bl.a. ordnade vi ett möte mellan Robert och VD-Stödet (se sid 152) där Robert hoppades att någon från VD-Stödet skulle nappa.

Psykopatisk chef

Den jag coachade (fast vi kallade det mentorskap, vilket var lättare att få företaget att godkänna) jobbade som telefonsäljare. Hon sålde försäkringar.

Hennes stora problem var chefen. Själv trodde hon att chefen var psykopat. Jag hade skaffat mig en hel del kunskap om psykopatiska chefer vilket jag har beskrivit på andra ställen (bl.a. bilaga 3). Av beskrivningen att döma lutade även jag åt uppfattningen att hennes chef hade psykopatiska drag.

Experter på psykopati säger klart och tydligt:
Har du en psykopatisk chef, byt jobb!
Att vända sig till en högre chef vilket många företag upp-muntrar (bl.a. Sandvik som kallade det "farfarsprincipen") i normala situationer fungerar inte när chefen är psykopat. Det kan bli ännu värre då. Risken är stor att den högre chefen inte förstår situationen utan har duperats, bländats av psykopaten.

Min klient insåg det och försökte aktivt hitta ett annat jobb. Det var emellertid svårt för henne. Hon hade bra lön och hade därför höga löneanspråk när hon sökte andra jobb.

Sedermera, när jag träffade en chef för ett annat företag som sysslade med telefonförsäljning fick jag en bakgrund.

Lite förenklat kan anställda i många företag som jobbar med telefonförsäljning delas in i tre kategorier:

En kategori är de som har svårast att sälja in produkterna/tjänsterna. De känner sig obekväma och blir ofta inte långvariga.

En annan kategori är de medelpresterande, de som presterar varken speciellt bra eller speciellt dåligt.

Den tredje kategorin är eliten, de som drar in det allra mesta av intäkterna. Det är de som betyder överlägset mest för företaget och betalas därefter.
Solidarisk lönepolitik? Kanske, kanske inte. Lönen är en liten del av ersättningen, det mesta är provision.

Min klient tillhörde toppkategorin. Löneanspråken utifrån vad hon tjänade försvårade för henne när hon sökte andra jobb.

Det är ett dilemma för personer i situationer liknande hennes, som vill byta jobb p.g.a. dålig arbetsmiljö eller som har tröttnat på den typen av jobb.

Stöd till småföretag

IIB

Några få år efter att jag hade lämnat Adizes och helt i egen regi stötte jag på en annons om något som hette Institute for Independent Business (IIB).

 Det handlade om att jobba som konsult specifikt med inriktning på små och medelstora företag. Jag tyckte inriktningen på den målgruppen var sympatisk. Små och medelstora företag drivs ofta av entreprenörer som är ensammare och mer sårbara än ledare i större företag. VD-arna saknar ofta bollplank, har ingen

styrelse med erfarna personer som stöd, kanske inte någon direkt ledningsgrupp heller.

Hos IIB med säte i Watford, England kunde man få utbildning i en metodik och få en certifiering. Det lockade mig.

Det fanns en annan aspekt som lockade mig också. Om man besökte ett visst antal små och medelstora företag under en viss tid (ett år om jag minns rätt) kunde man få tillbaka hela, eller åtminstone en stor del av, avgiften för utbildning och certifiering. Det som krävdes var att man skulle få VDn för det besökta företaget att bekräfta mötet vare sig det resulterade i uppdrag eller inte. Det fanns ett speciellt formulär för detta. Mer om det senare.

Jag anmälde mig i alla fall. När det var dags för utbildningen/certifiering åkte jag till England. Flyg till London, sedan tåg till Watford. Nog hade jag väntat mig åtminstone en normalstor tågstation i Watford men när jag anlände sent på kvällen var det mörkt och ödsligt. Knappt en människa i sikte. Det var som att ha hamnat på ett mycket litet samhälle långt ute på landsbygden. Nåväl, så småningom fick jag tag på en taxi och kom till mitt hotell.

Morgonen efter samlades alla deltagare (bilden på nästa sida) och det visade sig vara en stor samling människor från många länder, mest Europa förstås men också några ända från Australien.

Utbildningen som pågick i flera dagar var på gott och ont. Positivt var att vi fick mycket tips om hur man skall nalkas små och medelstora företag för att få dem intresserade av ta hjälp. Många bra övningar var det också.

Mindre positivt var en företeelse som jag har stött på även i andra sammanhang. Kanske drar jag en alltför långtgående slutsats men jag hävdar ändå att det är en skillnad mellan anglosaxiskt och svenskt synsätt.

Hos IIB fanns en manual som man var mycket angelägen om att den skulle följas till punkt och pricka. Visst fanns det mycket i manualen som var bra men att man skulle kunna vara flexibel agera lite utifrån eget sunt förnuft och bedömning hade man ingen förståelse för.

Samma företeelse hade jag stött på hos Adizes som jag har beskrivit på annat ställe.

Det finns på vissa håll en schablonuppfattning att svenskar kan vara formella och byråkratiska. När det gäller den sortens situationer som jag har stött på hos IIB och Adizes anser jag att det är precis tvärtom. Jag vill påstå att vi kan vara mer flexibla och ge mer utrymme för flexibilitet och sunt förnuft. Det gäller även i konkreta affärssituationer som jag har beskrivit på andra ställen.

När jag kom hem från IIB-utbildningen och certifieringen blev jag tilldelad en tidigare certifierad IIB-are (från Danmark).

Honom skulle jag kunna vända mig till om jag undrade över något. Han skulle också följa upp att jag gjorde de nödvändiga besöken hos företag.

För att redovisa sådana besök fanns som sagt ett speciellt formulär som skulle skrivas under av VD´n hos de besökta företagen. Rätt snart kändes det obekvämt. Ett annars informellt besök skulle avslutas med en närmast byråkratisk formalitet. Det kändes inte som det gick hem i vårt svenska klimat. Ganska snart slutade jag med den proceduren. Men i Storbritannien verkar det som proceduren används i väsentligt större omfattning.

Med litet distans är det lätt att inse att möjligheten att få tillbaka stora delar av avgiften var ett lockbete som jag (och många andra) svalde. I efterhand kan man förstå att det måste vara svårt, nästintill omöjligt, att uppfylla villkoren för att få tillbaka en avgift. Om det vore lätt hade väl IIB´s ekonomi brakat samman.

Jag kunde alltså inte uppfylla villkoren för att få tillbaka något av avgiften för utbildning och certifiering. Det fick lov att gå ändå. Jag fick så småningom tillräckligt många uppdrag för att vara rimligt nöjd. Jag fick också förmånen att träffa många driftiga ledare, och andra personer, i små och medelstora företag, vare sig jag fick uppdrag eller inte.

VD-Stödet

När jag kom tillbaka från sejouren hos IIB i Watford fanns det ett tiotal andra svenskar som hade gått igenom samma utbildning och certifiering. Vi hade all anledning att gå samman och utveckla verksamheten för var och en av oss och även kunna göra uppdrag tillsammans.

 Vi kunde inte kalla oss "IIB Sverige" eller något liknande. Var och en av oss kunde använda oss av IIB-certifieringen men IIB-

högkvarteret tillät inte att vi använde IIB i något företagsnamn. Därför bestämde vi oss för att kalla oss VD-Stödet.

Med tiden blev det allt mindre viktigt att upprätthålla någon kontakt med IIB i Watford. Det fanns ingen nytta och ingen anledning att hålla sig kvar vid den stelbenta och formella stilen som IIB-högkvarteret stod för. Vi hade visserligen viss nytta av utbildningen men vi agerade sedan baserat på sunt förnuft. Så småningom släppte vi också kravet på att medlemmarna i VD-Stödet skulle ha gått igenom IIB-processen i Watford.

Poängen för VD-Stödet var fokus på målgruppen små och medelstora företag. Där fanns VDarna som oftast hade en vision och en drivkraft som gjorde att de hade startat företag. Som jag har skrivit förut är de ofta ensamma i sitt beslutsfattande, saknar bollplank. De saknar också ofta kunskap inom specialområden som t.ex. marknadsföring, kvalitetsfrågor, ekonomi, juridik. I vår grupp inom VD-Stödet fanns det personer som både kunde fungera som bollplank och som hade specialkompetens och erfarenhet inom olika områden.

Beroende på vilka specialområden vi hade erfarenhet av kunde vi lotsa in varandra på olika uppdrag och vi kunde också ibland göra uppdrag tillsammans.

Uppdrag

HVB-hemmet

HVB=Hem för vård och boende

Det här var en verksamhet i Uppland som drevs av ett äkta par. De hade byggt ett hus i nära anslutning till deras eget bostadshus. Där erbjöd de boende och stöd åt ungdomar. Ungdomarna hade placerats där av några kommuner.

Hustrun IM var närmast ansvarig för hur man bedrev verksamheten medan maken Hasse var allt-i-allo som skötte allt det praktiska som behövde göras.

Jag fungerade närmast som coach till IM men vi gjorde också en del övningar med personalen, några av övningarna hade inslag av Adizes-metodik, vilket jag har beskrivit tidigare.

Jag var mycket imponerad och kunde se vilken nytta en sådan verksamhet kunde ha för ungdomar som hade svårt att hitta en mening i tillvaron.

Tyvärr var det så att inte alla HVB-hem bedrevs lika hängivet som det här. Vissa hade ett minimum av personal och erbjöd inte mycket mer än boende. Flera kommuner som placerade ut ungdomar började mer och mer se till pengarna än till kvaliteten. Man handlade in HVB-placeringarna där det var billigast.

Den aktuella verksamheten i Uppland vägrade göra avkall på kvaliteten och tvingades till slut att lägga ner verksamheten.

Att som utomstående iaktta den här utvecklingen gör mig beklämd. Långt driven sparsamhet går ut över ungdomar som behöver stöd. Vad blir den moraliska och ekonomiska kostnaden för samhället?

När jag skriver det här kommer det fram uppgifter i media om HVB-hem som har fått anmärkningar och visat sig olämpliga. Ändå fångar systemet inte upp sådant utan kommuner fortsätter att placera ungdomar hos dem.

Marknadschefen i ny roll

I avsnittet om coaching skrev jag om Staffan, "Marknadschefen som skulle rättas till". Han hamnade så småningom i ett företag som ägdes av hans pappa. Han skulle ta över och pappan skulle trappa ner. Det var ett teknikföretag som levererade maskiner och maskindelar.

Lite förenklat bestod företaget av två grupper. Den ena gruppen bestod av säljare som i stor utsträckning befann sig ute hos kunder. Den andra gruppen var teknikexperter som mest fanns på kontoret. Ganska snart visade det sig att det var konflikter och missförstånd mellan grupperna.

Jag tog hjälp av min tidigare coachingkollega AC som jag har nämnt tidigare. Vi hade en övning där AC och jag träffade var sin grupp samtidigt. Var och en av de två grupperna fick beskriva vilka problem man upplevde med den andra gruppen. Båda grupperna fick sätta upp punkterna i prioritetsordning. Därefter samlades alla och fick se varandras listor. Vi gick igenom punkterna växelvis uppifrån och ned. En hel del missförstånd kunde rätas ut på det viset, i några fall ganska enkelt.

VD'n som inte kunde delegera

Tomas hade tagit över ett företag efter sin pappa. Företaget fanns i södra delen av Stockholm och levererade brandredskap. Tomas hade högvis med ärenden på och omkring sitt skrivbord. Många ärenden var sådana som hans medarbetare utan vidare kunde hantera utan Tomas inblandning. Men han var rädd för att släppa kontrollen och behövde gå igenom ärendena själv. Det gjorde att mycket blev försenat och medarbetarna blev irriterade.

Det fanns ett mindre företag i samma bransch i norra delen av Stockholm. Man beslutade sig för att slå ihop företagen. Sammanslagningen var dåligt förberedd och det blev svårt att få ihop delarna till en helhet.

Jag träffade Tomas som regel sent på fredag eftermiddagar när alla andra hade slutat för veckan. Det var det enda tillfället han tyckte att han kunde frigöra tid.

Jag hade möten också med chefen för företaget som man gick ihop med. Han var mer strukturerad och fick nog så småningom en roll att få lite bättre ordning på verksamheten.

Ofta når man inte hela vägen fram. Det var nära att jag hade fått med Tomas på att företaget skulle göra en s.k. Adizes-diagnos (som jag beskriver i bilaga 2). Jag är övertygad om att det hade kunnat bli riktigt bra. Tyvärr kunde Tomas inte bestämma sig.

Företaget hade ett mycket stort varulager. Mitt otränade öga och kommentarer från några medarbetare sade mig att det borde gå att göra en hel del åt lagersituationen. Företaget som jag har beskrivit under "Logistikgurun" på sid 146 hade kunnat göra underverk. Men tyvärr blev det inget av med det heller. Man kan inte få allt man gapar över.

Matavfallskvarnar

Jag jobbade många år med företaget D och lärde känna personer och verksamhet väldigt ingående.

Företaget tillverkar och säljer matavfallskvarnar. En matavfallskvarn är liten maskin som sätts in under diskbänken i kök. Istället för att samla matavfall i separata påsar låter man matavfallet malas i kvarnen. Därefter förs det vidare i avloppssystemet till ett reningsverk, där det, om reningsverket är rätt utrustat, omvandlas till biogas. Fördelar är, förutom biogasproduktionen, en betydligt enklare avfallshantering för såväl individer som kommuner.

Som jag beskrev i avsnittet "Pionjärer" på sid 69 försvann den svenska marknaden nästan helt och hållet. Företaget D tvingades då hitta nya vägar utanför Sverige.

Ett företag som utvecklar en produkt brukar etablera sig på hemmamarknaden först innan man kan ge sig ut på export-marknaden. För D var det tvärtom, man måste ut på exportmarknaden direkt.

Det blev först och främst skeppsbranschen, storkök på fartyg. Genom att satsa på produktutveckling, bra försäljningskanaler hos skeppsbyggarländerna i Asien samt hög leveranssäkerhet (skeppsbranschen tål inga förseningar) lyckades man.

För företaget D utvecklades så småningom också marknaden kommersiella storkök i Sverige. Då samlas det malda matavfallet i separata tankar som töms av slamsugningsbilar som

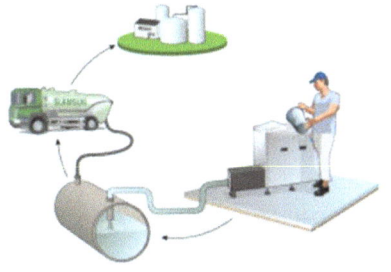

kör matavfallet till reningsverk. Principen framgår av bilden.

Även om matavfall från storkök inte leds ut i avlopps-systemet fanns det ändå i Sverige sedan många år en skepsis mot matavfallskvarnar. Det gällde då att hitta referenser, verksamheter som var beredda att sätta in avfallskvarnar.

I Älvsjö finns en skola, Johan Skytteskolan, där man skulle bygga om sitt kök. Vid den tiden "råkade" hustru Monica jobba inom skoladministrationen. Med hjälp av henne fick företaget D möjlighet att intressera skolledningen för installation av matavfallskvarn när man nu ändå skulle bygga om. Sagt och gjort.

I köket byggdes matavfallskvarnen in i ett skåp som bilden visar. Matavfallet töms på bänken och makas ned till kvarnen genom öppningen som syns till vänster. Från kvarnen går en rörledning till en nedgrävd tank utanför byggnaden. Tanken töms med slamsugningsbil och matavfallet körs till ett reningsverk där det omvandlas till biogas.

En intressant sidoeffekt vid Johan Skytteskolan visade sig vara minskad mängd matavfall. Installationen hade skapat ett intresse bland eleverna som gjorde att man månade mer om att inte lämna så mycket matrester.

För mig har det varit ett sant nöje att finnas med på ett hörn av D´s verksamhet och kunna följa hur man har tacklat alla utmaningar på vägen, inte minst genom de anställdas delaktighet och ansvarstagande.

Erfarenheterna och intrycken från verksamheten föranledde mig att skriva en berättelse "Kapitalisten, mångfalden och integrationen". Berättelsen skrevs 2015. Den finns som bilaga 4.

Ibland fanns det utrymme för mer lättsamma inslag. Vid ett möte om D´s framtida strategi gjorde vi en paus för lerduveskytte med laser.

Avdelning kuriosa: En annan övning med D hölls på Rockelsta slott i Södermanland. Slottet ägdes en tid av Eric von Rosen, som var en flitig upptäcksresande. En gång hade Eric fått flyga hem till Rockelska i Hermann Görings flygplan. Göring övernattade sedan på Rockelsta. Vid samma tillfälle var Eric von Rosens svägerska Carin von Kantzow på besök. Tycke uppstod. Carin skilde sig från Nils von Kantzow och gifte sig med Hermann Göring.

I samband med vårt möte bjöds vi på en rundvandring på slottet. Där fanns mycket från von Rosens resor, t.ex. uppstoppade djur. Där fanns också på väggen ett hakkors som Eric hade tagit med sig från någon resa i Afrika eller Asien.

Det sägs vara möjligt, om än inte bekräftat, att Göring lockades av hakkorset och såg till att det blev nazisternas symbol.

Arkitekterna

Jag fick kontakt med en arkitektfirma i Stockholm. Firman ägdes och drevs av ett äkta par, båda arkitekter. De hade kommit till en situation då de inte längre ville ägna så stor del av sin tid att leda företaget. De ville ägna mycket mer tid åt det som de var utbildade för och tyckte bäst om, nämligen att vara arkitekter. Det mynnade så småningom ut i att man hyrde in en person som VD. Historien fortsätter under nästa kapitel "Chefsuthyrning" närmare bestämt under "Den snikne".

Chefsuthyrning

Det finns många skäl varför man hyr in chefer istället för att anställa:

- Verksamheten befinner sig i en fas där man behöver en speciell kompetens som passar just i den situation man har då. Därefter kommer man in i en annan fas som kräver en annan profil och först då kan det vara läge för en anställning.
- Man får en vakans som man så snabbt som möjligt behöver besätta. Även det kan vara under begränsad tid.
- Man har inte har någon självklar kandidat till exempelvis en chefsbefattning och vet inte riktigt vad som kommer att behövas på lite längre sikt.
- Det handlar om uppdrag på deltid, heltid behövs inte.

Det händer att man förfasas över höga arvoden för inhyrda chefer. Det kan vara förståeligt om man bara tittar på siffrorna. Men det finns några faktorer som man bör känna till.

Den som hyrs in brukar få ett arvode per arbetsdag. Personen får ingen ersättning vid sjukdom eller annan frånvaro, får ingen semesterersättning, måste själv stå för sociala avgifter som företag annars står för när det gäller anställning. När man tar hänsyn till allt det där blir ersättningarna lite mer jämförbara med löner.

Vilka hyrs in och varför?

- Somliga vill börja trappa ner efter ett ofta intensivt arbetsliv.
- Några har gått i pension men kan tänka sig att ta vissa, tidsbegränsade uppdrag.
- Andra gillar omväxlingen att under kortare perioder gå in i olika typer av verksamheter.
- Åter andra tycker sig ha en speciell erfarenhet och kompetens som företag kan ha nytta av.

Olika former

Ibland går några erfarna personer samman i en verksamhet där man genom sina kontakter hjälper varandra att få uppdrag.

Jag var själv involverad i en verksamhet med ett annorlunda upplägg. Det var ett företag som jag kallar CU (Chefsuthyrning). Det heter något annat men av skäl som jag kommer till senare väljer jag att inte skriva ut namnet. Av samma skäl namnger jag heller inte namnet på den person som ledde företaget. Jag kallar honom J. Han hade tidigare jobbat på Sandvik och det var där jag lärde känna honom. Första gången var f.ö. i samband med en bilresa från Arlanda som jag har beskrivit på sid 43.

CU hade ett omfattande nätverk av personer som dels var beredda att låta sig hyras ut, dels kunde ordna kontakter med företag så att någon annan kunde hyras ut.

Det stora nätverket av personer som CU hade användes som ett starkt säljargument. Nästan oavsett vilket uppdrag som kom upp fanns det alltid någon lämplig person tillgänglig. Man var inte beroende av någon speciell person utan det fanns alltid många att välja bland.

För egen del var jag mer intresserad av att hitta företag som kunde behöva hyra in någon person snarare än att jag skulle låta mig hyras in själv.

Medan jag ägnade en del av min tid åt CU började jag tillsammans med en kollega driva en idé. Vi försökte få företag att underlätta för sina chefer att ta ut sin föräldraledighet.

Flera företag hade börjat reagera positivt på tanken att stimulera chefer att ta ut sin lagstadgade föräldraledighet något som annars inte var så självklart. Man kunde se fördelar både för de aktuella cheferna och för företaget.

CU var speciellt lämpat för det här syftet eftersom de hade så många personer i sin kader. Chansen var därför stor att man kunde hitta rätt person att fylla luckor efter de som skulle vara föräldralediga.

Vi hann mötas av en hel del positivt intresse men för min del tog det ett tvärt slut.

En bakgrund först:

Om man lyckades ordna ett uppdrag för CU där någon i nätverket blev inhyrd fungerade ersättningen på ett enkelt och okomplicerat sätt. Ett exempel:
Företaget A hyr in personen X och betalar till CU 10.000 kr/dag. CU betalar till personen X 8.000 kr/dag. Mellanskillnaden 2.000 kr/dag delas lika mellan CU och den person som har sålt in uppdraget.

Den snikne

Arkitekterna som jag nämnde på sid 159 ville hyra in en person som kunde leda verksamheten.

Det var jag som hade hittat arkitektfirman och fick i uppdrag att hitta en lämplig person man kunde hyra in som VD.

Det här inträffade under den tid jag verkade inom VD-Stödet. Där fanns två kollegor som var intresserade och som jag trodde kunde duga. De fick möjlighet att träffa arkitektparet men det klickade inte. Anledningen var att de gjorde ett fel som inte är så ovanligt. De var alltför fokuserade på att framställa sin egen förträfflighet och alltför lite intresserade av att ställa frågor om den verksamhet de var kandidater att leda.

Istället fick jag leta fram tre kandidater inom CU's kader. Alla tre fick träffa arkitektparet. Till slut valde man en av kandidaterna. Det visade sig vara ett lyckokast. Efter några månader ville man anställa personen.

När ett företag vill anställa en person som man har hyrt in genom CU går ju såväl CU som personen som ordnat uppdraget (d.v.s. jag i det här fallet) miste om den ersättning som annars löpande kommer in så länge inhyrningsuppdraget pågår. Av den anledningen finns avtalat om en engångskostnad för företaget som väljer att anställa i stället för att hyra in personen. I det aktuella fallet handlade det om 80.000 kr. Jag skötte kontakten med såväl arkitektfirman som den inhyrde som skulle anställas.

När avtalet om anställningen var klart kom överraskningen. Min halva av ersättningen frös inne. J bestämde sig för att behålla hela beloppet. Jag hade inget att sätta emot. Någon formell, skriftlig överenskommelse mellan oss fanns inte. Vi hade ju en enkel, muntlig överenskommelse, att dela lika på intäkten.

Den minst sagt krystade förklaringen var att den inhyrde, sedermera anställde, personen var en nyckelperson för CU som man inte ville tappa. Nu var ju det tvärtemot CU´s marknadsföringsargument som annars användes, nämligen att man hade så stort urval att man inte var beroende av någon enskild individ.

För min del innebar det ett brustet förtroende för en person som jag hade haft en bra relation med och som jag litade på.

För hans del tog snikenheten över. Jag undrar hur han mådde med lite distans till det som hände.

Lite blandat

Manligt-kvinnligt

Tuppen i hönsgården

Det fanns ett företag i Stockholm med verksamhet inom två områden som kan verka ganska olika. Ett av områdena var kultur, framförallt teater. Det andra området var företagsutveckling. Företaget bestod av VD och 7-8 anställda, samtliga kvinnor. VD var en kreativ person med många kontakter i kultur- och nöjesbranschen. Under en tid drev hon t.ex. en av Stockholms privatteatrar tillsammans med en av Sveriges mest kända manliga skådespelare. Av de anställda jobbade någon med administration, andra med insäljning av uppdrag och genomförande av uppdrag. Uppdrag inom verksamhetsutveckling kunde ha ganska kreativa inslag emellanåt.

VD var som sagt en kreativ person och ville helst vara ute och odla sina många kontakter och på så vis ordna uppdrag av skiftande slag. Att vara på kontoret och chefa över personalen var mindre roligt. Det var här jag kom in i bilden. Vi bildade en form av delat ledarskap. Jag fanns på kontoret och ägnade min tid åt personalen. VD kunde ägna sig åt det hon gillade mest och där hon gjorde mest nytta utan att ha dåligt samvete för att hon lämnade personalen i sticket.

Mitt uppdrag handlade om att fungera som coach åt var och en individuellt samt hålla möten med grupper bland personalen där vi tog fram idéer hur vi skulle utveckla verksamheten.

Jag tog fram en bild av en hönsgård med en tupp och ett antal hönor. Det gjorde jag eftersom jag var ensam man bland alla kvinnor. Den som är känslig kanske kan tolka det som

163

manschauvinistiskt men det gjorde inte de och vi kunde skämta om det.

Mitt uppdrag var på halvtid, 2½ dag i veckan, och pågick i ungefär ett år.

Grabbarna

Här är en helt annorlunda erfarenhet.

Under Adizes-tiden fick jag ett uppdrag att utbilda ett antal personer i ett företag. Det var en två-dagarsövning med innehåll huvudsakligen hämtat från Adizes-metodiken, som jag beskriver på andra ställen.

Det var ett företag med huvudkontor i Jönköpingstrakten. Därifrån kom ca fem av kursdeltagarna, däribland VDn. De hade också en del av verksamheten i Stockholmsområdet. Därifrån kom också ca fem kursdeltagare. Alla deltagare, utom en, var män. Kvinnan tillhörde Stockholmsgruppen.

De två grupperna skiljde sig åt en hel del. Gruppen från Stockholm bestod av öppna, positiva, lättsamma personer. I den andra gruppen fanns VDn som uppenbarligen måste visa att han var VD. Han var gift med ägarens dotter vilket säkert var en starkt bidragande anledning till att han var VD. I gruppen kring VDn fanns ett par personer som ibland var lite obstinata och nog ville visa sig på styva linan inför honom.

Jag hade lite svårt för VDn och gruppen kring honom. Det visade sig säkert i mitt beteende. Jag kan i efterhand förstå att jag kunde ha varit lite mer diplomatisk.

När övningen var slut dag två var jag kvar en stund i mötesrummet och plockade ihop mina saker. Då kom en person från Stockholmsgruppen in. Han hade glömt något. Han sade då att det var lite eftersnack bland deltagarna och att de verkade vara nöjda.

Någon dag senare kontaktade Adizes' Sverigechef mig. Han hade blivit kontaktad av VDn som beklagade sig och sade att man inte alls var nöjd med kursen.

Upptinad manschauvinist

Vid ett tillfälle uppstod en vakans på min avdelning på marknadssidan på Sandvik Steels rördivision. Jobbet hade skötts länge av en person som nu skulle flytta till en annan avdelning. En av hans viktigaste marknader var Finland där vi hade ett par stora kunder i pappersindustrin.

Jag och U som var närmast ansvarig för enheten tyckte att det på en grannavdelning fanns en kvinna som vi gillade och som vi tyckte gjorde ett bra jobb. Vi knallade in till henne och frågade om hon skulle vara intresserad. Hon blev väldigt glad och fick sedan jobbet utan vidare.

Vår representant på finska dotterbolaget blev mindre glad. "Inte kan vi ha en kvinna som ansvarar för de här affärerna".

Det dröjde inte så länge förrän han tinade upp och därefter fanns det inga som helst problem eller ifrågasättanden.

Reflektioner

I avsnittet "Tuppen i hönsgården" berättar jag om en erfarenhet att verka i ett företag med enbart kvinnliga anställda. Jag upplevde det som smidigt och konfliktfritt.

I avsnittet "Grabbarna" berättar jag om en helt annan erfarenhet. Två grupper, den ena bestående av enbart män som försöker imponera på varandra. I den andra gruppen fanns en kvinna. Attityden i den gruppen var helt annorlunda, vänligare och mer konstruktiv.

När man jobbar i egen regi är det viktigt att hitta samarbeten med andra. Mina samarbetspartners har mestadels varit män. Det är ju tyvärr så näringslivet har varit och är funtat. Ganska ofta har dessa samarbeten förr eller senare börjat skava en del.

Det har uppstått prestige och konkurrens. Mycket av det har säkert varit mitt fel. När det har uppstått, och det är inte så sällan, har det känts bäst att dra sig ur och hitta andra alternativ.

När det gäller samarbeten med kvinnor har jag en handfull exempel. Dessa samarbeten har pågått länge och varit praktiskt taget helt fria från sådant som skaver.

M var en Adizes-kollega. Vi hade en del utbildning tillsammans och hade utbyte av varandra när vi hade funderingar över tolkningar av Adizesmetodiken och företeelser inom Adizes. M utvecklade också ett koncept för medarbetarsamtal som jag var lite inblandad i en tid. M har också en som jag tycker gripande berättelse som jag avslutar det här avsnittet med.

AC var en kollega inom Scandinavian Executive Coaches (SEC). Vi gjorde bl.a. uppdrag tillsammans hos verksamheten som jag kallar "Marknadschefen i ny roll" på sid 154. Det var också mycket tack vare AC som jag blev "Tuppen i hönsgården" som jag lite respektlöst har kallat det avsnitt som jag har beskrivit tidigare.

Även A var kollega inom SEC. Vi har hållit kontakt under alla år och dryftat allt mellan himmel och jord. Vi har båda genomgått coachutbildning hos Coach University. Ett avsnitt där heter "Personal Foundation". Vi inspirerades av det och satte ihop en egen variant som vi genomförde i form av teleklasser.

Jag har funderat en hel del över vad det är som gör att jag har haft lättare att fungera i miljöer som har varit helt eller delvis kvinnliga. I rent manliga miljöer har det som sagts förr eller senare ganska ofta blivit jobbigt.

Är det något som har med mig som person att göra? Det kan nog vara så men jag tror inte att det är hela sanningen.

I helt manliga miljöer tror jag det finns en uppenbar risk att prestige kommer in i bilden, man tävlar med varandra, och det skapar en miljö som inte är så bra.

Kanske är det så i rent kvinnliga miljöer också men det vill jag låta vara osagt.

Den slutsats jag vill dra är helt enkelt att blandade miljöer manligt-kvinnligt har bäst förutsättningar att vara kreativa och bra och borde eftersträvas så ofta som det är möjligt.

Avslutningsvis den berättelse från M som jag nämnde ovan:

M bodde i Karlstad. Vid ett tillfälle när jag besökte henne fick jag träffa hennes föräldrar på hennes kontor. De var påfallande positiva och nyfikna. I samband med besöket fick jag av M veta att hennes far led av en obotlig sjukdom och att hans dagar var räknade. Det kunde jag inte ha trott.

Strax efter mitt besök berättade M att hon hade haft ett samtal där pappan hade berättat hur han ville att begravnings-ceremonin efter hans bortgång skulle vara. Han tyckte att upplägget verkade vara trevligt och att det var synd att han inte kunde få uppleva det själv. Då bestämde man att göra en generalrepetition med honom närvarande. Det gjorde man!

Kontakter

Med kontakter avser jag här sådana som har varit utanför det egna företaget eller verksamheten. Väldigt många har det förstås blivit under alla år.

De som på ett eller annat sätt har haft med verksamheten att göra kallar jag affärskontakter. Några av dem räknar jag som *företagare* och de får ett eget avsnitt.

Rådgivarna är en kategori som inte har så mycket med mitt jobb att göra. Men jag stötte på en sådan som jag beskrev under rubriken "Den omvände" på sid 147. Det gav mig anledning till att *rådgivarna* får ett eget avsnitt.

Rådgivarna

"Den omvände" jobbade alltså med placering av pensionssparande och fick dåligt samvete av det lömska upplägget som gjorde att rådgivarna tjänade oskäligt mycket pengar. Dessa rådgivare, nästan alltid unga, manliga slynglar, brukade köpa märkeskläder i en speciell butik i Stockholm. Jag, oftast tillsammans med hustru Monica, hade träffat en del av rådgivarna. I början var vi intresserade av tips på hur man bäst placerar pensionssparande, kanske annat sparande också. Med tiden träffade vi rådgivare mest av nyfikenhet, inte så mycket av seriöst intresse av placeringar. Vi hade lärt känna våra pappenheimare. Vi kunde inte låta bli att le mot varandra när de dök upp, de unga männen i sina märkeskostymer med korta byxben. De var som klonade karbonkopior av varandra.

När de förklarade sina upplägg hade man kunnat förvänta sig proffsiga presentationer och dokumentation. Men icke. De satt på andra sidan av sitt skrivbord och rafsade ner linjer och siffror för hand på ett block. Ville man behålla någon dokumentation fick man försöka skriva av så gott det gick.

Efter ett litet tag började vi förstå varför man inte ville lämna efter sig någon dokumentation. Man ville inte riskera att bli konfronterade i efterhand. En av slynglarna trodde nog att han hade sålt in sitt koncept hos oss. När vi sa att vi ville tänka på saken (vilket vi inte tänkte) blev han arg och gick. Han tyckte att han hade lagt ner tid utan att få något utbyte. Honom träffade vi senare hos ett annat företag (rådgivarna byter ofta företag och försöker sno med sig kunderna). Han kände inte igen oss men vi kände igen honom.

Rådgivarna var noga med att säga att de var oberoende, d.v.s. att de valde de bästa placeringarna oavsett var de placerades. Man kunde snart upptäcka att det inte var så, de hade sina överenskommelser med någon enskild institution där man hade högst provision. Om man verkligen var oberoende borde det vara en självklarhet. De som behövde betona oberoendet hade nog inte rent mjöl i påsen.

Affärskontakter

Affärskontakter har varit en stor och viktig sak i hela mitt yrkesliv. Någon form av marknadsansvar har jag haft nästan hela tiden. Affärskontakterna har varit kunder, antingen till de företag som jag har jobbat i eller till mig själv när jag har jobbat i egen regi. De första åren på Sandviks Stålforskning hade jag inget marknadsansvar men jobbade delvis med teknisk marknadsföring så affärskontakter utanför det egna företaget hade viss betydelse även då.

Mina affärskontakter under Sandvik-tiden respektive tiden efter Sandvik har varit av helt olika karaktär. Stora Sandvik gjorde affärer med andra stora företag. Mina affärskontakter var kuggar i ett stort maskineri på samma sätt som jag var på Sandvik.

Hos Finspong Aluminium var några kundföretag ganska små. Det var då jag började stöta på *företagaren,* den som drev en verksamhet och som inte så sällan också hade startat den.

Efter Finspång-tiden har det alltid varit de små företagen som har varit min affärskontakt. Jag lärde känna åtskilliga företag och företagare. När jag jobbade i egen regi måste jag fixa mina uppdrag själv. Då blev det många kontakter med småföretagarna. Somliga fick jag uppdrag av, ännu fler blev det ingen affär med. Allt som allt blev det väldigt många.

Företagaren

Jag tror att de flesta företagare som startar verksamheter inte gör det primärt för att tjäna mycket pengar. Andra drivkrafter, att skapa något utifrån en idé, att tro att något kan göras bättre, är starkare.

En av företagarna och hans verksamhet lärde jag känna mycket väl. Utifrån svåra förutsättningar lyckades han, med hjälp av engagerade medarbetare, skapa en lönsam verksamhet. Det har jag beskrivit under "Matavfallskvarnar" på sid 156.

År 2015 skrev jag en berättelse "Kapitalisten, mångfalden och integrationen". Företagsnamnet är utelämnat. Jag ville fokusera på andra aspekter. Berättelsen finns som bilaga 4.

Det laddade ordet "kapitalist" har fått ett eget avsnitt.

Lite till

Mellanspel i Serbien

Medan jag tillhörde VD-stödet dök det upp en möjlighet inom något som hette Turn Around Management (TAM). Det var ett uppdrag finansierat av the European Bank for Reconstruction and Development (EBRD), en EU-institution.

Det handlade om stöd till företag inom det gamla östblocket. I det aktuella fallet för mig hette företaget Utva Silosi och låg i orten Kovin i Serbien. Företaget tillverkade rör, svetsade från aluminiumband. Jag tyckte det såg ut som ett spännande uppdrag och sökte. Min ansökan antogs och säkert bidrog, var kanske helt avgörande, att jag hade jobbat inom Finspong Aluminium. Nu visade det sig i alla fall att min

aluminiumbakgrund inte hade någon betydelse alls.

Utva Silosi hade all sin försäljning i länder, framförallt Serbien, bakom gamla järnridån. Den marknaden hade minskat och man ville komma ut på marknaden i Västeuropa. Det hade man ingen erfarenhet av. Det var det man ville ha hjälp med.

Vi var två personer som fick uppdraget, jag och en från Danmark. Vid två tillfällen var vi i Kovin och besökte företaget, ca en vecka åt gången. Något kunde vi göra men inte så mycket. VDn var inte speciellt intresserad eller tillgänglig. En person i företaget var tilldelad som kontaktperson till oss och han gjorde det han kunde. Han var emellertid frustrerad över situationen i landet och tyckte att det var bättre förr i tiden i gamla Jugoslavien.

Allt som allt var uppdraget en intressant upplevelse för oss i alla fall.

Medarbetarsamtal

Medarbetarsamtal eller utvecklingssamtal (kärt barn har många namn) är något som jag tycker är viktigt. Det är inget man får hafsa bort. För medarbetaren är det ett viktigt tillfälle att diskutera sin arbetssituation med chefen. Några saker är grundläggande:

- Se till att tala ostört och utan tidspress.
- Planera i tid. Genomför samtalen med en bestämd frekvens och rucka inte på den.
- Använd en agenda som alla är överens om. Då undviker man att punkter glöms bort.
- Gör ett protokoll som båda är överens om. Speciellt viktigt när man följer upp.

Vid ett tillfälle kom jag i kontakt med en variant som först verkade knepig. De anställdas arbetsuppgifter delades in i ett antal ansvarsområden. Inom varje område skulle både chef och medarbetare sätta en siffra mellan 1 och 5 på hur väl medarbetaren fungerade inom området. 1 är inte alls bra och 5 är mycket bra.

Först verkade det känsligt och kanske upplagt för problem. Jag fick använda det några gånger både som medarbetare och chef. Det fungerade emellertid förvånansvärt bra. Påfallande var att chef och medarbetare för det mesta satte samma siffra. Det kunde bli rätt så konkret. Om man t.ex. var överens om siffran 3 inom ett område samtalade man om vad som skulle behöva hända för att man skulle kunna sätta siffran 4 nästa gång. Uppföljningen blev rätt så konkret på det viset.

Men det kunde bli lite fel också. Hos Finspong Aluminium började man använda systemet konsekvent under några år. Hos personerna i produktionen gjorde man en direkt koppling mellan siffrorna och lönen. Då blev det lite väl känsligt. Det uppstod en press att höja siffrorna mer än vad som var direkt befogat. Det blev inflation i bedömningarna.

Ett annat exempel var väldigt avslöjande o0ch speciellt. På sid 153 har jag berättat om HVB-hemmet. Där hade man anställt en mellanchef och skulle använda bedömningsmodellen med siffrorna 1-5. Mellanchefen hade väldigt höga tankar om sig själv och tyckte inte skalan 1-5 räckte. Hon satte siffran 6 på sig själv i alla avseenden! Hon saknade helt självkännedom och blev heller inte långvarig i verksamheten.

Problemhantering

De två största företagen jag har varit anställd hos är Sandvik och Finspong Aluminium. Två saker de har gemensamt är spetsprodukter och bra kundservice. Att helt undvika problem hos kunder är en omöjlighet. När det emellanåt uppstod problem, kanske tekniska problem eller problem med leveranstider etc. var vi duktiga på att hantera problemen snabbt och bra. I det avseendet hade jag tur som hamnade på just dessa företag.

En tydlig lärdom kunde dras:
För en leverantörs anseende hos en kund kan det paradoxalt nog vara bättre att lösa problem smidigt än att inte ha några problem alls.

Jag tror att många av oss, även i det privata, har liknande erfarenheter. Företag och personer som får möjlighet att visa att man löser problem smidigt stiger i aktning.

Kapitalism

Ett laddat begrepp som har olika innebörd.

Somliga företagare har lyckats med verksamheter, har engagerade medarbetare, har skapat bra produkter eller tjänster, har skapat meningsfull sysselsättning åt många. Om de tjänar pengar så att de av somliga skulle kunna klassas som kapitalister så tycker jag ändå att det kan vara ok.

I valrörelsen 2014 tyckte jag att det förekom en onyanserad debatt om kapitalism och kapitalister. Somliga försökte dra alla över en kam. Det föranledde mig att skriva "Kapitalisten, mångfalden och integrationen" (bilaga 4) som beskriver ett företag som jag har berättat om och har lärt känna under lång tid. Jag såg ingen anledning att nämna företaget vid namn. Det var exemplet jag ville visa.

En annan kategori av kapitalister är sådana som får höga befattningar i företag och verksamheter och tjänar stora pengar, får andra förmåner men utan att ha tagit några som helst risker. De, som jag tycker, ofta orimligt höga ersättningarna, tror jag inte för något positivt med sig. Det kan snarare skapa sämre anda vilket knappast gynnar verksamheterna. Något trollspö för att rätta till har jag dock tyvärr inte.

Ytterligare en kategori är de som ärver stora kapital. Inte heller de har förtjänat sin förmögenhet genom egen insats som har kommit andra till nytta. Det är långt ifrån säkert att kapitalet används på ett sunt sätt.

Alfred Nobel skrev så här i samband med sitt berömda testamente: *Jag anser stora ärvda förmögenheter vara en olycka, som blott verkar till människosläktets försoffning"*.

173

Avslutning

Jag har skrivit tidigare att Sandvik är det mest gedigna och professionella företaget jag har jobbat i eller ha varit i kontakt med på nära håll. Har jag då ångrat att jag slutade på Sandvik efter så lång tid och med så långa rötter i företaget (även far och farfar jobbade där)?

Man bör inte ångra sina beslut utan gå vidare och göra det bästa av den nya situationen. Men visst var det en period på något år då jag upptäckte att den nya miljön inte alls var sund då jag ångrade mitt beslut. Det har jag beskrivit tidigare. Men situationen vände till det bättre och jag har sedan dess aldrig ångrat mig. Men jag har alltid saknat Sandvik.

Skälen till att jag slutade på Sandvik har jag redogjort för och de var tillräckliga för mig då. Hur hade det varit om jag ändå hade varit kvar? Jag känner ju många tidigare kollegor på Sandvik. För många har utvecklingen varit positiv men inte för alla. Vilken kategori jag hade tillhört kan jag ju inte veta och det är ingen mening att grubbla på det.

Lite fascinerande kan jag tycka att min utveckling har varit mot allt mindre verksamheter; från stora Sandvik, till det mindre Finspong Aluminium, till det ännu mindre Svenska Aluminiumkompaniet. Därefter inga anställningar men anslutning till skapligt stora Adizes, till det mindre VD-stödet och till sist mer eller mindre på egen hand.

Hur kan det komma sig? Om att byta jobb brukar man lite fint säga att man skall byta *till* något, inte *ifrån* något. Jag har inte gjort som man skall, jag har nästan alltid bytt *ifrån*. Jag har hängt upp mig på företeelser och tröttnat. En egenskap hos mig? Kanske det.

Under ungefär 30 år från första jobbet på Sandvik 1970 har någon betalat min lön. Tiden därefter har jag fått lov att fixa betalning själv genom uppdrag.

Det blev bortåt 15 år till. Lite oklart eftersom jag de sista åren trappade ner gradvis. F.ö. något som jag upplevde som ett plus.

Man hör då och då talas om konsulter som håvar in höga arvoden. Det förekommer naturligtvis men långtifrån alltid. Jag har skrivit förut att man inte skall jämföra löner och arvoden rakt av. Med arvode får man inte betalt vid frånvaro, ingen semesterersättning, ingen avsättning till pensionen, ingen ersättning när ett uppdrag/jobb upphör.

Inte nödvändigtvis en dans på rosor försöker jag säga. Har man inte ett långt uppdrag går en hel del av tiden åt till att försöka skaffa uppdrag och det är tid man inte får betalt för.

Det har varit en berg- och dalbana. Visst har det underlättat med en hustru som har dragit ett tungt lass. Periodvis har hon haft två bollar i luften, två jobb som varannan vecka inneburit mer än en heltid. Imponerad och tacksam är jag.

Så länge man klarar uppehället skapligt tycker jag ändå inte ekonomin är det väsentligaste. Viktigare är alla upplevelser, situationer, miljöer, företag, organisationer, människor.

När det gäller människor har det funnits tillspetsade situationer där jag varit oense med andra men nästan uteslutande (med "den snikne" som det dystra undantaget) har jag upplevt bra människor, arbetskamrater och andra kollegor, affärskontakter, konkurrenter etc.

Berättelsen om mina nedslag i arbetslivet slutar här men några bilagor finns till sist.

Bilaga 1: Mitt "testamente" från Sandvik

Bilaga 2: Adizes har jag haft ett avsnitt om men det finns en del andra inslag i metodiken som jag tycker kan vara värdefulla och som jag därför vill förmedla.

Bilaga 3: Destruktivt ledarskap, eller i klartext psykopatiskt ledarskap, har jag antytt på ett par ställen i texten. Eftersom jag är säker på att det förekommer i betydligt större omfattning än vad människor i allmänhet känner till vill jag gärna förmedla lite tankar.

Bilaga 4: "*Kapitalisten, mångfalden och integrationen*" skrevs 2015. Den är baserad på min insikt i företaget D som jag beskriver i "matavfallskvarnar" på sid 156.

En bakgrund är också valrörelsen 2014 där det skälldes mycket på kapitalism lite för onyanserat. Det har jag också kommenterat på i föregående avsnitt.

Bilaga 1:
Mitt "testamente" från Sandvik

PM-et jag skrev drygt en vecka innan jag slutade på Sandvik hade rubriken:

Ånggeneratorrör. Några reflektioner med anledning av den senaste tidens order
Inledningen var den här:
"Under loppet av två månader, från mitten av december 1989 till februari 1990 har vi lyckats landa ånggeneratorrörsorder för Westinghouse, NPC och KWU till ett värde av minst 270 MSEK. Orderna har dessutom god lönsamhet och säkrar sysselsättningen i Rv68 åtminstone t o m 1992.
Jag tror att ingen säger emot mig när jag påstår att vår utdelning knappast hade kunnat bli bättre.
Eftersom jag själv har deltagit mer eller mindre aktivt under hela tiden affärerna varit aktuella och kommer att lämna företaget inom kort tycker jag det är på sin plats att lämna synpunkter på den insats som fört fram till orderna.
Synpunkterna är avsedda inte bara för framtida ånggeneratorrörsaffärer utan även inför andra större projektaffärer överhuvudtaget."

Sedan följer en hel del text som jag inte återger här. Jag inser nu i efterhand att jag gjorde ett antal omskrivningar och upprepningar "i stridens hetta".

Tre av mina medarbetare är namngivna i originalet men här har jag använt initialerna J, S och M. Personerna förekommer i avsnitten i berättelsen där affärerna beskrivs.

Avslutningen av min PM var den här:
"Min sammanfattning av vad som möjliggjort affärerna:

- *En omfattande insats av i tur och ordning, J, S och M.*
- *Ett mödosamt uppbyggande av relationer, baserat på ömsesidigt förtroende, med kunder och konkurrenter.*
- *Täta kund-och konkurrentkontakter i avsikt att kunna göra rätt strategiska bedömningar.*

- *Möjligheter till interna strategidiskussioner mellan personer som har tid och tillräcklig insikt i affärerna.*

Med facit i hand kan man konstatera att marginalerna varit små. Vi hade kunnat lyckas mycket sämre i något avseende, t.ex. i fråga om kontinuiteten (J-S-M), ägnat mindre tid åt de externa kontakterna och gjort mindre bra strategiskt val.

Om något av detta inträffat hade resultatet med all säkerhet varit avsevärt sämre både vad gäller volym och lönsamhet. Speciellt vill jag betona det som inte alltid är självklart, nämligen betydelsen av att kunna ägna tid åt denna typ av affärer. Denna verksamhet låter sig inte förenklas och rationaliseras. Minskad insats härvidlag medför tveklöst försämrat resultat vid såväl ånggeneratoraffärer som andra stora projektaffärer."

Bilaga 2:
Mer om Adizes-metodiken

När det gäller Adizes-metodiken är det sex olika delar som jag tycker är intressanta, *PAEI, möten, livscykeln, diagnoser, förstärkt ledningsgrupp och ansvarsmatrisen.* PAEI har jag beskrivit tidigare. Här är de övriga.

Möten

De flesta har säkert erfarenhet av möten där somliga tar för sig mer medan andra har svårare att komma till tals. Hos Adizes hanterade vi det på ett, som jag tycker, bra sätt. Alla som hade något att säga om det ämne man diskuterade fick anmäla sig. En person fungerade som ett slags mötesordförande och såg till att alla fick komma till tals i den ordning man hade anmält sig. Alla fick tala till punkt. Ingen fick avbryta.

Personer med övervägande P- eller E-profil brukar vara snabbast att komma till tals till skillnad mot A-och I-personer som brukar behöva mer tid innan man säger något och därför inte så lätt kommer till tals. De kan ha minst lika värdefulla synpunkter. Med Adizes-metoden fick alla samma möjligheter.

Livscykeln

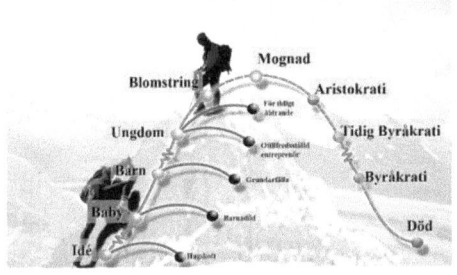

Bilden visar hur företags/verksamheters livscykel kunde se ut enligt Adizes.

Höjden på kurvan visar något mått på framgång/lönsamhet. Utvecklingen stadie för stadie kan ske under kort eller mycket lång tid. Det optimala stadiet är Blomstring. Stadiet Mognad ser bättre ut (ligger högst på kurvan) men börjar visa upp tecken på stelhet och

179

stagnation (t.ex. minskat utrymme för kreativa personer, sådana med E-profil). Om man inte är medveten om detta och gör rätt saker för att i tid bryta utvecklingen kan det gå utför för företaget. Då blir företaget stelt och byråkratiskt. Att vända utvecklingen tillbaka är svårt.

Det finns exempel på företag i den situationen som har skilt av en del av verksamheten och där startat från början. I bästa fall kan det därefter sprida sig till resten av företaget.

Varje stadium präglas av vissa företeelser. När vi jobbade med företag fick vi lära oss att identifiera sådana företeelser och kunde då få verksamheten att förstå och kunna hitta rätt åtgärder.

Diagnos

Det här var en omfattande övning som brukade ta två hela dagar i anspråk. Det kunde vara upp till ca 30 deltagare om det handlade om relativt stora företag.

Var och en av deltagarna fick lista alla tänkbara synpunkter och förbättringsområden man kunde komma på. Sedan samlades alla bidrag in muntligt i tur och ordning. Det blev alltid till slut en stor mängd bidrag. Därefter delades deltagarna in i grupper som fick sortera in alla bidrag i ett antal kategorier, t.ex. organisation, operativa frågor, attityder etc. Då hade vi fått en överblick och en struktur som gjorde att vi kunde bestämma hur vi skulle gå vidare.

Enklast och först plockades fram sådant som kunde lösas av enstaka personer. Frivilliga fick anmäla sig. Det här handlade om sådant man på företaget ofta hade pratat om länge som inte var komplicerat (vi kallade det för "lågt hängande frukt") men som man inte gjort något åt. Genom att börja i den här änden skapades en känsla av att det började hända saker.

För lite mer komplexa uppgifter satte vi till arbetsgrupper. Där kunde vi ta in personer med olika profil, kunskap och makt att åstadkomma något. Speciellt viktigt var att man hade befogenheter att genomföra det man hade kommit fram till. Man behövde inte förankra hos den högre ledningen utan hade befogenheter att genomföra.

Förstärkt ledningsgrupp

Efter diagnosen bildades en förstärkt ledningsgrupp som fick till uppgift att följa upp det som hade beslutats samt efterhand bilda nya arbetsgrupper att ta hand om fler områden som hade identifierats under diagnosen. Med förstärkt ledningsgrupp menas en större grupp med fler personer än i den vanliga ledningsgruppen. Vanliga ledningsgrupper tenderar att fastna i dagsaktuella, kortsiktiga, operativa frågor. Den förstärkta ledningsgruppen kunde fokusera på det långsiktiga.

Ansvarsmatrisen

I samband med medarbetarsamtal är det inte ovanligt att man försöker klara ut vilken slags ansvar medarbetare har. Jag har varit med om det några gånger. Det brukar ofta resultera i ett dokument som gärna hamnar i en skrivbordslåda. I bästa fall är det något som chef och medarbetare känner till och kanske kommer ihåg. Men det stannar där. Andra brukar inte känna till så mycket om det.

Hos Adizes gjorde vi på ett annat sätt. Resultatet kallade vi ansvarsmatrisen.

Vi samlade alla berörda och gjorde två saker:
1) Enades om vilka ansvarsområden som var relevanta.
2) Diskuterade oss fram till hur ansvaret borde fördelas inom varje ansvarsområde.

Bilden på nästa sida visar ett konkret exempel. Det är ganska detaljerat men är så som just den organisationen ville ha det. Dels är det något som man har diskuterat sig fram till och enats om, dels fastställt i ett enda dokument som alla har.

Ansvarsmatris – Företag X

Ansvarsområden inom affärsprocessen

	VD	Produktchef	Säljare	Innesäljare	Marknadsföring	Leveransbevakning	Lager	Ekonomi	Expedition
Orderhantering									
-- mottagning		D	D	A					
-- erkännande		D	D	A					
-- uppdatering av o.e.		D	I	I		A			
Kundbesök									
-- behovsanalys	D	D	A	D					
-- förbereda		I	A	I					
-- boka	I	I	A	I	I				I
-- ta hem case			A						
-- följa upp			A	D					
Prissättning - projekt			A						
Prissättning – listpris	A								
Avtalsteckning			A						
Företagsregistrering			A	A	A				
Nykundsregistrering	D							A	
Uppdatering kundregister		D	A	D					
Uppföljning av offerter	D	D	A	D					
Leverantörskontakt									
-- kataloglager							A		
-- produktinfo/nyheter	I	A	I	I	I	I			
-- leverantörsbesök	A	D							
-- leverantörsregister	A								
Offerering - > 100 tkr	K		A/K						
Offerering 20 – 100 tkr		D	A/K	D					
Offerering < 20 tkr				D	A				
Produktrådgivning – externt		A	A	A					
Produktrådgivning – internt		A							
Registrering nya artiklar		A							

Ansvarsnivåer
A = huvudansvar
D = delansvar
K = måste konsulteras
I = måste informeras
A/K = huvudansvar/måste konsulteras

I olika organisationer och på olika nivåer i organisationer ser det olika ut men det finns alltid i något enstaka, överskådligt dokument som alla känner till.

182

Destruktivt ledarskap

En företeelse som de flesta nog inte förknippar med ledarskap är psykopati.

Det finns några områden där psykopater är överrepresenterade jämfört med samhället i övrigt. Det ena är inte överraskande fängelser. Det andra, lite mer överraskande, är i ledande positioner i näringsliv och samhälle. Så är det med all sannolikhet men svårt att belägga med siffror. För många som har blivit utsatta för psykopater är det skambelagt och man berättar inte alltid så gärna.

Varför det intresserar mig är en egen erfarenhet som fick mig att sätta mig in i ämnet. Den erfarenheten har följts av några till. Vilka fall det handlar om framgår av min text.

Jag skriver om det också av anledningen att det inte är så väl känt och att de flesta som råkar ut för psykopater inte är medvetna om det förrän efter lång tid och då är skadan skedd. Ökad medvetenhet gör att man kan reagera i tid och därmed begränsa skadan.

Den person som förmodligen är den största auktoriteten på området är Robert D. Hare, professor vid University of British Columbia i Kanada.

Han har konstaterat att de vanliga psykologtesterna som man har använt på bland annat brottslingar i Nordamerika inte alls fungerar på psykopater. De avancerade psykopaterna har utvecklat en utpräglad förmåga att dupera testerna så att de ger ett helt felaktigt utslag. Hare varnar t.o.m. för att det kan vara direkt destruktivt att använda sådana tester eftersom psykopaterna kan använda de till sin fördel.

En psykologtest på kriminella kan ha syfte att hitta sätt att behandla. Hare menar att en psykopat inte går att behandla.

Vetskapen kan bara användas till att begränsa den skada en psykopat kan åstadkomma.

Istället har Hare utvecklat en metod där man istället för frågor låter erfarna psykologer intervjua personerna och under intervjun gör observationer som leder till bedömningen om personer är psykopater eller inte eller snarare i vilken utsträckning de är psykopater. Han har identifierat 12 typer av symptom som kännetecknar psykopater:

Emotionella/interpersonella drag	Socialt avvikande beteende
• Munvig och charmig • Egocentrisk och grandios • Saknar ånger- och skuldkänslor • Dålig inlevelseförmåga (empatistörning) • Svekfull och manipulativ • Flackt känsloliv	• Impulsiv • Bristande kontroll över beteendet, lättväckt aggressivitet • Behov av spänning • Brist på ansvarskänsla • Tidiga beteendeproblem • Antisocialt beteende i vuxen ålder

När ett visst antal av de 12 områdena stämmer anses personen vara psykopat.

Två böcker han har skrivit, resp. är medförfattare till är:

"Psykopatens värld: Utan samvete" och "Snakes in Suits" (ingen svensk översättning av boken finns men titeln översätts närmast med "Ormar i kostym").

I en av böckerna har han följande korta, sammanfattande beskrivning av psykopater:

"De är specialister på att ställa in sig hos överordnade och att vara ohyfsade mot underordnade"

Som jag skrev tidigare är psykopater överrepresenterade i fängelser men sannolikt också i näringsliv och samhälle, politiken inget undantag.

Men varför är psykopater överrepresenterade på höga positioner? Två saker framförallt, förmågan att framställa sig själva på ett positivt, övertygande och charmerande sätt samt bristen på empati och ansvarstagande. Det en överordnad chef ser är en charmerande och handlingskraftig person. Underställda till psykopaten ser hel andra sidor.

På Sandvik kommer jag ihåg att man pratade om "farfarsprincipen", vilket innebär att anställda skulle kunna gå till sin chefs chef om det var något man inte kunde reda ut med sin närmaste chef.

När det gäller psykopater som chefer avråder man bestämt från att göra så. Dels kan den högre chefen vara helt oförstående, dels kan personen bli ännu sämre behandlad av sin psykopatchef. Bästa rådet är: Byt jobb!

Men blir psykopater inte avslöjade? Jo, men de har hunnit gå vidare till ett annat jobb. Ofta är det också så att högre chefer inte har hunnit inse vem de har haft i organisationen utan lämnar villigt positiva referenser när psykopaten söker nytt jobb.

Varför intresserar jag mig? Jo, dels av egna erfarenheter. Men också risken för spridning. Psykopater tenderar att lätt ge sig in i relationer, skaffa barn som man inte tar ansvar för utan drar vidare till nästa relation. Psykopati är inte direkt ärftligt men en liten risk finns ändå att avkommor ärver vissa av egenskaperna.

Nu skall jag vara försiktig med att beteckna de personer som jag har stött på som psykopater. Experten Robert Hare betraktar en person som psykopat först när tillräckligt många av de tolv egenskaperna stämmer in. Men det är en glidande skala och några få av egenskaperna kan vara illa nog.

Mina egna erfarenheter finns närmare beskrivna i texten. Här en kort sammanfattning:

Min närmaste chef, VDn som var social, kunde vara charmerande men också lömsk och elak. Företaget hyrde in en konsult från Norge som först var kollega till mig och rapporterade till VDn. Konsulten blev senare VD och fick under en kort tid förre VDn som underlydande! Det var norske konsulten som först gjorde mig uppmärksam på ämnet psykopatiska chefer.

Jag har också haft en underlydande som visade upp några av egenskaperna som beskriver en psykopat. Trots att jag visste en del och borde vara observant insåg jag det inte förrän efter en omorganisation och personen inte längre hade mig som chef.

Jag har också under en tid varit mentor åt en person som hade en chef som utan tvekan visade upp psykopatiskt beteende.

Inget av mina exempel har någon koppling till Sandvik.

Kapitalisten, mångfalden och integrationen

(skrevs 2015)

Kapitalisten

Den här personen är VD för ett mycket lönsamt företag.

När VD (som jag kallar honom i fortsättningen) fyllde 60 år för inte så länge sedan bjöd han in över 100 personer till sitt hem. Först bjöds det på drink, underhållning och bad vid den stora utomhuspoolen. Därefter väl tilltagen buffé inne i den stora och eleganta villan.

VD har inte överdrivet dyrbara vanor men skulle kunna unna sig en hel del om han vill. En sak han ändå unnar sig är en skidresa varje år till Klippiga Bergen i USA tillsammans med några vänner.

Kan man av den här korta beskrivningen dra slutsatsen att VD är en klassisk kapitalist som borde dela med sig till de som är mindre lyckligt lottade? Somliga kanske tycker så, andra kanske vill veta mer.

Jo, det finns mer och det tänker jag berätta om i nästa avsnitt.

Historien

VD var marknadschef för ett mellanstort svenskt företag tills för lite drygt 25 år sedan. Då fick han veta att ett företag var till salu.

Företaget tillverkar en produkt som är en viktig del i en process som i slutänden producerar biogas. En miljövänlig produkt alltså.

(Jag väljer att inte berätta mer om produkten eller namnet på företaget. Det tillför inget till berättelsen).

Det fanns studier som visade att en sådan produkt borde kunna välkomnas på många håll runtom i Sverige. Typen av produkt var väl etablerad i USA och hade en stark och växande marknad. Sverige låg efter. När VD blev intresserad var marknaden i Sverige därför mycket liten. Företaget hade två anställda, ganska liten omsättning och var inte speciellt lönsamt.

VD trodde ändå på möjligheterna och köpte företaget. Han var då sannerligen inte någon kapitalist utan fick lov att låna 3 miljoner, ingen liten summa på den tiden, för att kunna köpa företaget och satsa på utveckling och tillverkning.

Ungefär samtidigt som VD köpte företaget köpte han ett hus också. Det var litet, fallfärdigt och hade ett otätt tak som läckte in. Huset var nästan obeboeligt.

Hur gick det med verksamheten? Jo, svenska marknaden visade sig vara betydligt trögare än vad man kunde tro. Konservatism och ovilja hos myndigheter och kommuner satte käppar i hjulet. Man trodde att produkten skulle kunna ställa till problem med avloppsnäten i kommunerna. I praktiken innebar det något som närmast kan betraktas som ett förbud i Sverige. Endast ett par kommuner gick emot strömmen och tillät installation i större skala. Men det var små kommuner och var en alldeles för liten marknad för företaget.

VD hade alltså tagit lån som var stora i förhållande till företagets omsättning och han stod inför en marknad som nästan var stängd. Stora lån och liten omsättning/vinst var heller inte bästa förutsättningarna när räntechocken kom inte så långt efter att VD hade köpt företaget. För 23 år sedan, närmare bestämt 16:e september 1992, höjde Riksbanken räntan till 500%!! Nu var räntan inte 500% så länge förstås men väldigt mycket högre än dagens minusränta!
En tuff tid för alla som hade stora lån, däribland VD.

Vad skulle han göra? Svenska marknaden var alltför liten och trög så man fick försöka hitta marknad utanför Sverige. Det är ju tvärtemot vad företag annars gör. Man etablerar sig först på hemmamarknaden där allt är enklare. Lyckas man hemma vågar man ta steget utanför Sverige.

Företaget och VD fick göra tvärtom, hade inget val. Man måste utveckla exporten. Den slutanvändare man fokuserade på var fartyg. De största fartygsbyggarna finns i Asien, inte minst Sydkorea och Kina. Dit fick man försöka ta sig. Så exportsatsningen blev sannerligen inte mot närområdet, Norden, Europa, utan så långt bort man kan tänka sig.

Hur gick det?

Jag har redan skrivit att företaget är mycket lönsamt. Man har alltså lyckats med sin satsning trots tuffast möjliga förutsättningar.

Hur har man då gjort?

Man har varit väldigt noga när man har anställt medarbetare. Förmågan att utföra arbetsmomenten är bara en del. Viljan att kunna ta ansvar, samarbeta och smälta in i företagskulturen har varit minst lika viktigt. Därför har alla medarbetare fått vara med att bedöma kandidater som sökte jobb hos företaget

Man har väldigt omsorgsfullt byggt upp nära relationer med företag som är leverantörer till varvsindustrin.

Man har varit väldigt noga med att aldrig lämna sina kunder i sticket, att alltid stå för det man har lovat.

Man har varit mycket lyhörda och flexibla när det gäller enskilda kunders önskemål. Det gäller t.ex. ständig anpassning och utveckling av produkterna.

Allt sammantaget betyder att man har byggt upp ett mycket starkt förtroende hos sina kunder vilket kunderna har nytta av i sin tur. Sådana kunder byter inte leverantör i första taget.

Produkterna har man huvudsakligen utvecklat och vidareutvecklat själva. Tillverkning består av ganska avancerad montering (mekanik, elteknik). Komponenterna köper man från underleverantörer, nästan alla i Sverige. Det händer emellanåt att man hjälper underleverantörerna med deras egen tillverkningsprocess så att komponenterna kan tillverkas effektivare och till lägre kostnad.

Jo, villan förresten, där VD hade sin 60-årsmottagning. Det är samma fallfärdiga hus som VD köpte för länge sedan. Den har han i stor utsträckning själv jobbat med under många år med att renovera och bygga ut.

Mångfalden och integrationen

Företagets framgångar medförde att man behövde öka personalstyrkan efterhand. Man behövde också flytta eftersom lokalerna blev för små. I de nya lokalerna hamnade VD och administration och försäljning på ett övre våningsplan och produktion på våningsplanet under. VD var omgiven av enbart kvinnor och produktionen bestod av enbart män.

För några år sedan behövde man anställa en produktionschef. De kandidater som återstod i slutänden var ett par män och en kvinna. Kvinnan anställdes. Hon bedömdes helt enkelt vara den mest kvalificerade kandidaten.

En kvinna som chef över enbart män (6-7 st) skulle kanske inte vara oproblematiskt, tycker någon. Inte alls. Det har fungerat utan problem.

Något år senare behövde man utöka personalstyrkan i produktionen med en person, en kvalificerad tekniker. Den nya produktionschefen hade vuxit upp i en stad i närheten av Stockholm, känd för sin höga andel invandrare. Hon var van vid att ha invandrare i sin närhet och tyckte inte alls att det var något konstigt eller skrämmande (till skillnad mot många som saknar erfarenhet och kunskap).

Vid den tiden hade Arbetsförmedlingen en verksamhet som syftade till att matcha invandrare mot företags behov av personal.

Produktionschefen vände sig dit och hittade då bl.a. en person från Irak som hade en avancerad ingenjörsutbildning och hade varit i Sverige ett par år men inte fått arbete. Det fanns ingen annan kandidat som kunde matcha personen varför man bestämde sig för att anställa honom. När produktionschefen ringde och berättade att han hade fått jobbet grät han av lycka i telefonen. Någon dag senare kom hans hustru till företaget med tårta till alla.

När den nyanställde ingenjören just hade börjat sitt jobb sade VD till honom att han så småningom borde kunna ägna sig åt produktutveckling med tanke på hans gedigna utbildning och kunnande. Men själv ville han inte ta in det utan slog ifrån sig, fullt nöjd med de arbetsuppgifter han hade fått.
Nu, ett antal år senare, har han börjat ägna en del av sin tid åt produktutveckling.

Vid två senare tillfällen har företaget nyanställt personer i produktionen. Båda gångerna invandrare från Irak, en av dem en ensamkommande ung flicka, med båda föräldrarna kvar i Irak. Man har alltså på kort tid anställt tre personer som har flytt från Irak.

Hur har det gått sedan?

Det har fungerat i alla avseenden bra. Alla gör ett storartat jobb. Arbetsmoralen är minst lika bra som, för att inte säga bättre än, den genomsnittlige "svensken" på arbetsmarknaden. Socialt har man smält in i gruppen utan problem. Begränsningarna i svenska språket (som blir allt mindre med tiden) hanterar man.

För en tid sedan hade företaget ett tvådagarsmöte där man diskuterade framtidsfrågor. Alla anställda fick möjlighet att komma med förslag. Ingenjören från Irak föreslog att man skulle satsa på länder i Mellanöstern där man inte har några affärer alls. Han själv kan bidra med sina kunskaper i arabiska och kontakter som han har i arabländerna.

Som jag har nämnt tidigare fanns den allra största delen av affärerna i Asien. Efter en tid började VD involvera en av kvinnorna på marknadssidan alltmer i Asien-affärerna. Hon började följa med VD på resor till agenterna där. Så småningom fick hon göra sådana resor själv. Långt ifrån en självklarhet att ge kvinnor ett sådant ansvar för asiatiska länder med deras kultur.

Sammanfattning och diskussion

Ett företag som utvecklats från 2 till 15 anställda plus åtskilliga anställningar hos underleverantörer.

Anställda som har fått stort förtroende och får ta eget ansvar Utöver rimlig lön får man bonus baserad på företagets resultat (som är bra år efter år).

En arbetsplats där man tycker om att gå till jobbet och där alla välkomnas och smälter in i gänget oavsett vilken bakgrund man har.

Det här är ett exempel på vad som kan hända när det finns en miljö där en entreprenör får möjlighet att utveckla sina idéer, där det är OK att kunna få en viss belöning för att man har tagit personliga risker och skapat en positiv arbetsplats och sysselsättning för många människor.

Inget system i världen kan åstadkomma samma resultat.

Om en entreprenör däremot känner att det finns motstånd, ovilja, avundsjuka i samhället kanske han/hon inte anser det vara värt att satsa.

Det här kan också anses ses som ett inlägg i flykting-/invandringsdebatten. Vi har på senare tid sett utmärkta exempel på vilja och initiativ från enskilda människor och organisationer. Detta i kontrast till tröghet och oförmåga hos politiker och institutioner.

Det jag efterlyser är fler initiativ från företag.
Många drar sig för att anställa personer med konstiga namn

och brister i svenska språket. Om man bara visste vad man går miste om!